KB246302

테라페이아
Therapeia

하루愛 · 갑곶스테이 · 기도학교 **피정 워크북**

지성용 신부 지음

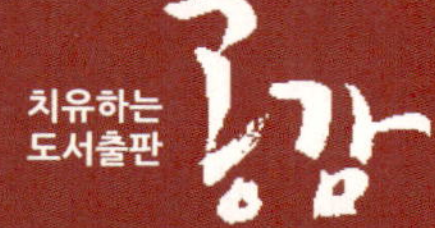

Contents

테라페이아
Therapeia

2012년 2월 25일 교회인가
2012년 3월 1판 1쇄(초판)
2013년 8월 2판 1쇄(개정판)

지은이 : 지성용
펴낸곳 : 인천가톨릭대학교 영성생활연구소
편집·인쇄 : 치유하는 도서출판 공감
출판등록 : 제2013-000010호 2013년 8월 22일

주소 : 400-090 인천광역시 중구 답동 10-4
        (인천광역시 중구 제물량로 122)
전화 : 032-766-9520, 032-933-1525
팩스 : 032-933-1526
E-mail : gabgot@caincheon.or.kr

판매처 : 도서출판 프 로 방 스
         TEL : 031-925-5366~7 , F : 031-925-5368

ISBN : 979-11-951054-0-3   03230
가격 : 18,000원

Introduction

어떤 사람은 화를 통제하지 못해서 어려움을 겪기도 하지만 어떤 이는 화를 묻어버리기 때문에 문제가 된다. 어떤 사람은 특정상대가 아닌 무고한 사람에게 화를 내기도 하고, 어떤 사람은 상대와 대면하지 않고 폭식, 흡연, 음주, 약물남용, 혹은 무자비한 자책으로 스스로를 파괴한다. 화를 인정하고 건강하게 표출하는 법을 찾지 못하면 화는 비정상적으로 병들거나 비생산적인 출구를 찾는다. 화를 지배하지 못하면 화는 우리 자신과 주위 사람들의 삶을 엉망으로 만들 수 있다. 화를 낸다고 반드시 갈등이 빚어지는 것은 아닌데 화를 키워 곪게 만들어 우리가 잘 인식하지 못하는 왜곡된 감정으로 변이를 일으키게 한다면 이는 더욱 상황을 어렵게 만드는 것이다. 화는 상당히 중요한 심리적 영적 지점이다. 이것은 인간관계나 환경 또는 자기 자신에게 무엇인가 잘못된 일이 일어났다는 신호다. 이 신호를 무시하면 화는 다른 감정들과 차단된다.

우리의 삶은 수많은 감정들(Emotions), 외로움, 좌절감, 질투, 분노, 시기, 기쁨, 슬픔 등으로 짜여진 직물과도 같다. 대중 앞에서 말을 하거나 감정을 표현할 때 두려움과 불안을 느낀다거나, 제어되지 못한 분노가 터져 올라 돌이킬 수 없는 말을 내뱉는다. 다른 사람들의 성공을 바라볼 때 느끼는 감정(시기 혹은 질투), 혹은 발견된 나의 결점에 대한 부끄러움, 수치심, 죄의식 등 이러한 무수한 감정들의 문제를 잘 해결하지 못하면 심장이 두근거리거나 눈물을 보이기도 하고 괜히 배가 아프거나 소화도 되지 않고 머리가 아프고 얼굴이 달아오르는 등 나의 부정적인 감정이 신체로 전이됨을 느끼게 된다.

또한 이것이 장기간 표출되지 못하고 눌려있게 되면, 삶에 대한 심한 무기력을 체험하게 되고, 자신 혹은 타인에게 위험한 행동을 감행할 수 있는 계기가 되기도 한다. 또는 기억력과 판단에 장애가 생기기도 하고, 관계의 어려움을 호소하며 사회 부적응 행동을 하게 된다.

이러한 감정으로부터 우리는 편안해지기를 원하고, 즐거움을 얻기를 바라고, 이렇듯 복잡한 감정에 휩싸여 있음에도 불구하고 사람들과 어울려 인정받기를 원하고 그러한 감정을 무력화 시킬 여러 가지 전략들을 구사한다. 그래서 인위적으로 즐거움과 쾌락을 만들고, 부정적으로 다가오는 감정들의 파고에서 안전해 지고자 돌파구를 마련한다. 그것은 알코올일 수도 있고, 다양한 약물일 수 있고, 일(Work)일 수도 있고, 섹스 일수도 있고, 컴퓨터 게임, 도박일 수도 있다.

알코올 중독과 마약중독은 대개 도덕적, 종교적 관점에서 고백성사의 한 줄거리가 되어 스스로를 단죄하고, 윤리적인 부끄러움을 가지게 되었지만, 중독에 대한 새로운 인식의 전환이 요구되는 시대가 되었고, 이제는 중독이라는 문제를 영성의 한 주제로서 연구하고 이해할 시점에 이르게 된 것이 사실이다.

"존재한다는 것은 중독에 길들여 진다는 것"이라는 말처럼 인간의 실존적인 삶은 중독과 불가분의 관계가 있다. 현대의 대중문화는 그 자체가 광범위한 중독의 메커니즘을 가지고 있다. 원래 사람이 가치를 두고 있는 모든 것은 중독성을 가지고 있다.

수 많은 중독들은 커다랗게 물질에 대한 중독과 과정에 대한 중독으로 분류할 수 있다. 물질에 대한 중독(Substance addiction)은 알코올, 마약, 음식 등 우리 몸 안으로 들어오는 물질에 대한 중독과 성, 도박, 쇼핑, 인터넷, 게임, 종교 등의 구체적인 일련의 행동들과 상호작용들의 과정에 빠져들어가는 과정중독 (Process addiction)으로 나누어 살펴 볼 수 있다.[1]

여러분은 세상도 또 세상 안에 있는 것들도 사랑하지 마십시오. 누가 세상을 사랑하면, 그 사람 안에는 아버지 사랑이 없습니다. 세상에 있는 모든 것, 곧 육의 욕망과 눈의 욕망과 살림살이에 대한 자만은 아버지에게서 온 것이 아니라 세상에서 온 것입니다. 세상은 지나가고 세상의 욕망도 지나갑니다. 그러나 하느님의 뜻을 실천하는 사람은 영원히 남습니다. (1요한 2,15-17)

---

1) A. W. Schaef, *When society becomes an addict* (San Francisco: Harper & Row, 1987), 18. 물질중독은 섭취중독(ingestive addiction) 이라고도 하는데, 이것은 의도적으로 우리 몸 안에 섭취된 물질들에 대한 중독이다. 몸과 마음은 이 물질들에 대하여 의존성을 발전시킨다. 이러한 중독물질에는 알코올, 마약, 약물, 음식, 니코틴, 카페인 등이 있다. 알코올 중독은 가장 보편적인 화학적 의존의 산물이며, 근본적인 중독(primary addiction)이라고 한다. 반면 과정중독은 구체적인 일련의 행동들과 상호 작용들의 과정에 빠져드는 행동을 말한다. 일, 관계, 사랑, 섹스, 돈, 종교, 쇼핑, 소비, 도박, 운동 등이 바로 그러한 것들이다. 과정중독은 물질중독보다 회복이 더 어려운데, 그 이유는 물질중독의 숨겨진 원인이 대개 과정중독으로부터 오기 때문이다.

신학적으로 물질중독의 기저에는 대부분 과정중독이 숨어 있으며 과정 중독의 근저에는 타락한 인간의 본성에서 비롯한 역동적인 죄가 숨겨져 있다. 인간의 타락한 욕구, 실존적 불안과 공허감은 인간의 영적 속성을 그대로 드러낸다.

중독이란 무엇인가?

라틴어의 addicene는 "양도하다", "굴복하다" 라는 의미를 가지는 단어이다. 중독이라는 단어의 어원을 살펴볼 필요가 있다. 곧 고대의 로마 법정에서 "addicene"는 잡혀서 감금된 노예나 주인에게 넘겨진 사람을 의미한다. 노예는 어떤 사물에 대한 소유권을 잃어버린 것이 아니라 자기 자신에 대한 소유권을 상실한 사람들을 일컫는다.

현대적 의미에서 중독은 대부분의 경우 그들 스스로의 통제를 넘어 유전적이고 환경적인 여러 요인들에 의해 그들 스스로 무엇인가 (알코올, 마약, 게임, 도박, 인터넷, 쇼핑 등)에 노예가 된 상태를 지칭한다. 곧 기분을 전환시키는 물질이나 대상, 상호작용(과정)에 묶여버리는 상태의 총칭이다. 중독은 우리가 무기력해지는 어떤 과정이며, 개인적 가치에 맞지 않는 것들을 행하고 생각하게 하며, 우리가 점진적으로 더 충동적이며 강박적이 되도록 하면서 우리를 통제한다. 중독의 확실한 징후는 자신과 다른 사람들을 속이고, 거짓말을 하며 부정하고 은폐하려고 하는 행동을 통해서 확인 할 수 있다.

중독으로 발생하는 현상들

중독은 다양한 모습으로 표출 되어진다. 가장 중요한 것은 통제의 환상(illusion of control), 자기기만(Dishonesty), 자기 중심성(self-centredness), 두려움(Fear), 자기의지(self-will), 완전에 대한 환상(illusion of perfection), 영성의 상실(loss of spirituality) 등으로 특성화 된다.[2]

중독에서 비롯된 마음의 방어기제들과 교묘한 술책들은 우리의 궁극적인 관심을 왜곡하고 영성을 고갈시킨다. 이것은 하느님의 의지와 뜻과는 다른 그 무엇(우리가 중독되어 있는 물질이든 과정이든)을 중요시하는 우상숭배와 다를 것이 없다.

---

2) A. W. Schaef, "Addicene System", The Way, Vol. 40(4) (Oct, 2000), 356–358.
3) 우리는 우리들의 자아영역을 훨씬 능가하는 자신 밖의 대상에게 매혹을 느끼고 완전히 몰두하게 된다. 이러한 과정을 심리학적으로 '정신집중(Cathexis)'이라 한다.

프로이드는 인간의 정신활동은 리비도(Libido) 라 불리는 심리적 에너지에 의해 야기된다고 설명한다. 그의 정신분석학에서 무의식을 지배하는 성적 충동의 에너지인 리비도는 인간에게 쾌락을 주는 대상, 사람, 활동을 추구한다. 리비도의 대상추구를 '정신집중'(Ca-thexis)[3]이라 설명하는데 이는 영성의 전통에서 설명하는 '애착 (attachment)'과 그 의미를 함께한다.

어떤 행동이 만족이나 쾌락을 불러일으키면 그 행동은 반복해서 일어나게 되는데, 이것을 긍정적 강화(positive reinforcement)라고 한다. 학습 되어진 것은 습관을 형성하고, 투쟁을 통해 애착(중독)하게 된다. 중독적 행위가 있을 때마다 연상작용(association)은 강화되고, 그것을 반복한다. 반복되는 습관이 계속 진행되면 내성(tolerance)이 생기게 되며 이 내성을 방해하는 것이 생겼을 때 금단증상(withdrawal symptoms)이 발생하여 투쟁이 일어난다. 이러한 중독은 유전적 소인과 가정환경, 시대와 문화적 영향에 의해서 일어난다.

죄와 중독은 밀접한 상관관계를 가지게 된다. 따라서 중독을 고찰하는 것은 죄의 의미심장한 역동성을 고찰하는 것이다. 중독에 대해 연구하는 것은 그리스도교 안에서 죄에 대한 근본적인 이해의 기초가 되는 인간의 자유와 책임에 대한 어려운 문제를 제기하는 것일 수 있다.

죄란 무엇인가?

가톨릭 교회 교리서는 죄에 대해 다음과 같이 정의한다.

죄란 이성과 진리와 올바른 양심을 거스르는 잘못이다. 죄는 어떤 것에 대한 비뚤어진 애착 때문에 하느님과 이웃에 대한 참다운 사랑을 저버리는 것이다. 죄는 인간의 본성에 상처를 입히고, 인간의 연대성을 헤친다. 죄는 "영원한 법에 어긋나는 말이나 행위나 욕망"이라고 정의되어 왔다(CCC 1849).

죄는 매우 다양하다. 성경은 여러 번 죄를 열거하고 있다. 갈라티아인들에게 보낸 서간에서는 육정의 행동을 성령의 열매와 대조하여 설명한다. "육의 행실은 자명합니다. 그것은 곧 불륜, 더러움, 방탕, 우상숭배, 마술, 적개심, 분쟁, 시기, 격분, 이기심, 분열, 분파, 질투, 만취, 흥청대는 술판, 그 밖에 이와 비슷한 것들입니다. 내가 여러분에게 이미 경고한 그대로 이제 다시 경고합니다. 이런 짓을 저지르는 자들은 하느님의 나라를 차지하지 못할 것입니다." (갈라티아 5,19-21)

죄가 신학 안에서 논의 되어질 때 죄는 유전적 결함, 인간의 무지와 한계, 부적절함이라 설명할 수 없다. 죄는 타락한 인간 의지의 산물이며 그 의지의 왜곡된 방향으로 설명되어진다. 중독은 도덕적 결함 혹은 영적인 죄에서 비롯되었다는 신학적인 관점은 현대인들에게 설득력이 그리 강하진 않은 듯 하다.

인간이란 무엇인가?

세상에는 한 인간으로서 성인처럼 살다가 죽어간 사람들이 있고, 한 생을 살아가면서 무슨 한에 그러했는지 사람으로서는 하지 못할 끔찍한 일을 하다가 죽어 간 사람들도 있다. 사람들은 왜 이렇게 서로 다른 삶을 살아가게 되었을까?

한국사회의 자살율에 대한 통계들이 우리를 사뭇 많이 놀라게 한다. 하루 평균 40명 이상이 스스로 목숨을 끊고, 최근에 이르러서는 인터넷 사이트를 통해 만난 생면부지의 사람들이 한데 모여 동반자살을 시도하는 사례가 급격히 증가하고 있다. 아마도 외롭고 알지 못하는 먼 길을 가려는 사람들이 같이 할 동반자가 있으면 하는 서로의 이해관계가 있었을 것이다. 외로움이 두려워 동반자살을 선택하는 것이다. 세간에 인기를 누리던 인기연예인이 자살하는 경우도 종종 있었고, 부와 명성을 얻어 행복하게만 보이던 대그룹의 총수가, 한 나라의 권력을 행사했던 대통령까지도 자의던 타의였던 자신들의 모든 것을 버리고 자살이라는 극단적인 방법을 선택한 것이다.

이루지 못한 무엇인가를 향해 평생 집착에서 벗어나지 못하는 사람들도 있지만 자신이 가진 그 많은 것을 뒤로 하고 죽음을 선택하는 사람들이 있는 것은 무엇 때문일까?

이러한 세상에서 종교는 과연 어떠한 기능을 하고 있는가?

그러나 역설적이게도 종교로 인한 전쟁은 인류 역사 이래 끊임없이 전개되고 있고, 신의 이름으로 살인과 방화, 자살테러를 하면서 순교와 신에 대한 사랑을 가르치는 종교교육은 자살테러를 통해 순교자 반열에 오를 수 있다는 자기 중심적인 사상을 심어주고 있다.

인간에게는 선한 마음이 있어 감동적이고 휴머니즘에 기초한 기사나 영상을 접할 때 눈물을 흘릴 때도 있으나, 타인을 잔인하게 없애버리고 싶은 분노를 일으킬 때도 있다.

우리는 나만이 특별하다고 생각하며 타인과 그들의 의견을 과소평가하는 습관과 편견 속에 살고 있다. 나만의 특수성을 성장과정에서 개인의 자존감을 느끼게 하는 긍정적인 요소로 평가하는 반면, 어떤 사람은 그것이 개인의 자기애적 성향을 부추기며 개인을 자기도취적이고 이기적으로 만들기 때문에 부정적인 요소로 평가한다.

인간에 대한 고민은 오래 전 신학과 철학에서 시작되어 수천 년의 역사를 가지고 있다. 사회구조의 다양화에 따라 또 인간이 변화하면서 심리학에서 인간이해 문제가 태동했고, 심리학은 새로운 시대에 주목받는 분야로 성장하였다. 그러나 심리학이 가지는 자기한계는 인간의 초월적 영역에 대한 '판단중지'다. 인간을 신학적으로만 이해하는 것도 분명 한계가 있지만 인간을 심리학적으로만 이해하는데도 큰 어려움이 있다. 이제 신학, 심리학, 영성이 함께 인간에 대한 현실적인 문제와 해석을 해야 한다

하루 애(愛) · 갑곶스테이는 바로 이러한 과정 아래서 태어난 전인적 피정 '치유'프로그램이다.

1st Step

영성생활의 기초와 원리

01

가라지의 비유는 우리에게 커다란 영감을 준다. "그만두어라! 가라지를 뽑아 그러모으다가 밀까지 함께 뽑아버리겠다. 추수 때까지 둘 다 함께 자라도록 내버려 두어라 (마태오 13,29.30)" 어떤 잘못도 범하지 않고 완벽하게 살아가고자 하는 사람은 그렇게 살아가도록 노력하는 동안 상당한 고통을 겪게 된다. 그러한 고통 때문에 자신의 생명력도 파괴된다. 그는 자신의 약점 뿐만 아니라 강점까지도 파괴하게 된다. 완벽하게 살아가고자 하는 사람의 밭에서는 오직 걱정 가득한 밀들이 자랄 뿐이다. 완벽함을 추구하는 나머지 다른 일을 위한 마음이나 힘 또는 고생을 짊어질 여유가 없다는 것이다.

02

자신이 원하는 모든 것을 스스로 채워나갈 수 있고, 자신의 삶을 스스로 이끌어 갈 수 있는 부자들은 하느님의 은총을 깨닫지 못한다. 아무것도 소유하지 않은 사람은 하느님의 은총에 마음이 열려있다. 예수는 가난한 자, 배고픈 자와 정의를 갈망하는 자, 슬퍼하는 자, 자신의 힘으로는 아무것도 할 수 없어 오직 하느님의 은총에만 손을 벌리고 있는 자들을 복된 사람이라 부르신다. 모든 친교가 단절된 곳, 아무것도 더 이상 할 수 없는 곳, 철저히 고립되어 극심하게 외로운 곳, 바로 그곳에서 회개가 시작되고, 그곳에서 예수가 사람들의 손을 잡아 삶의 영역으로 끌어 올린다.

03

"너의 추락이 너를 교육하는 선생이 될 것이다." 라는 말이 있다. 바로 추락, 죄, 좌절 등이 우리를 하느님께 인도하는 스승이 되는 것이다. 이것은 어떤 목적이 있기에 우리에게 다가오는 것이다. 일어나는 모든 일에는 의미가 있고 가치가 있다. 그러므로 어떠한 불편이 있다 하여도 용기를 잃어서는 안 된다. 현실을 피하지 않고 직면함으로써 그리고 더 나아가 좌절과 실패의 쓰라림을 통해서 오히려 더욱더 하느님께 나아갈 수 있는 것이 밑바닥 영성의 커다란 가르침이다.

04

우리들 모두는 상처를 가지고 있다. 자기를 방어 할 수 있는 능력이 없는 상황에서 당한 상처는 커다란 아픔으로 우리 안에 자리 잡고 있다. 우리가 미성숙한 사람으로 취급 당할 때 자신의 정체성을 인정받지 못할 때 아래로 추락한다. 하지만, 우리가 상처받고 부서진 바로 그 자리, 그 순간이 우리가 우리 자신을 깨트리고 하느님을 향해 나아갈 수 있는 기회임을 바라보아야 한다.

상처들은 사실 내가 쓴 가면을 부수는 역할을 수행한다. 만약 우리가 그 상처들을 영성의 원천으로 인식하면서 사랑해 나갈 수 있다면 우리는 폐쇄적으로 갇히지 않고 하느님을 향해 우리 자신을 열어나갈 수 있을 것이다. 삶은 우리를 언제나 실망시킨다. 우리는 우리 자신에 대하여 우리 결점과 실패에 대하여 실망한다. 우리의 직업, 아내와 남편, 가족, 수도원, 본당에 대하여 실망하고 있다. 하지만 이 실망은 내가 나에 대하여 그리고 미래에 대하여 설정한 환상으로부터 깨어나게 하려고 의도되고 있는지도 모를 일이다. 실망은 내가 나 자신에 대하여 과장되게 생각하고 있었다는 것을 보여준다. 그러므로 실망은 하느님께서 본래 나에게 만들어주신 나의 참된 모습을 알아내는 좋은 기회이다. 그 아픔을 겪어 나가면서 나는 현실을 있는 그대로 받아들이며 그 현실에 맞추어 살아가는 것을 배우게 된다. 내가 강하게 서 있을 때는 다른 사람이 내 안으로 들어올 수 없게 된다. 내가 상처입고 약해져 있을 때에 하느님이 내 안에 들어오실 수 있고, 다른 사람들도 들어올 수 있다.

05

자신의 무능을 체험하는 것을 통해 하느님께 나아가는 길을 발견할 수 있다. 이제 내가 더 이상 아무것도 할 수 없는 처지가 되었을 때, 모든 것이 나의 작용 범위를 벗어나 버렸을 때, 이제 내가 나의 실패를 인정할 수밖에 없는 처지에 직면하게 되었을 때 나의 빈손을 하느님께 들어 올릴 수 있을 것이다. 영성 수련의 목적은 우리를 강한 존재로 만드는 것이 아니라 우리가 약한 존재임을 알게 하고, 스스로의 힘으로는 자신을 더 나은 존재로 만들 수 없음을 체험하게 하며, 완전히 하느님의 은총에 내맡겨진 존재라는 것을 알게 한다.

06

나의 죄 안에서 내가 그 동안 나 자신과 나의 영적 길에 대하여 만들어 놓은 모든 환상들이 먼지처럼 날아가 버린다. 나는 나 자신을 확실히 보장할 수 없다. 나는 나의 죄를 실패로 바라보고 자신에게 실망하여 스스로에게 많은 비난을 던질 수 있다. 이는 나를 내적으로 아래로 끌어내려 자포자기 상태로 몰고 간다. 우리는 언제나 다시 죄를 짓게 된다. 자신의 노력으로는 완전해 질 수 없다는 사실을 인정한다면 이는 하느님께 나아가는 기회가 된다. 하느님은 모든 가면들을 부수시고, 내가 완전한 사람으로 존재하기 위해 쌓아 올린 담들을 부수어 버리신다. 성령은 우리가 얻어맞아 완전히 부수어 질 때 우리 스스로 쌓아 올린 담들이, 성채들이, 업적들이 부서져 무너질 때 우리를 변화시킬 수 있다. 은총은 우리의 영혼을 파헤치고, 부수어 버리며, 다시 한 곳으로 모아 건설하고, 치유하고 바로 잡는다. 이제껏 겉으로 꾸며 거짓으로 취해온 겸손의 자세와 잘못 설정한 완전에 대한 추구가 완전히 무너진 다음에야 비로소 그에게 모든 영역에서 새로운 가능성이 열리게 된다.

07

우리는 자주 우리의 성공을 통해서보다 실패를 통해서 더 많이 배운다. 융은 성공이 많은 삶은 변화를 가지기 매우 어렵다고 말한다. 즉, 큰 성공은 변화의 가장 큰 적인 것이다. 하느님께 받아들여지기 위해서 선행이라든가 훌륭한 덕행 또는 그 밖의 어떤 예물을 반드시 가져와서 그것을 통해 그분의 마음을 사로잡으려 할 필요가 없음을 깨달아야 한다. 그 동안 우리는 교만하게도 우리들의 몇 가지 수련을 통해서 우리가 하느님 앞에 떳떳한 존재로, 의로운 존재로 서 있음을 증명해 보이려 하는 어리석음을 범하게 된다. 어떤 좋은 일을 많이 해야 한다는 압박에서 강박에서 벗어나야 한다. 오히려 나의 빈손을 들고 하느님께 나아갈 때 그리고 자신을 온전히 드릴 때 평화와 자유를 체험할 수 있을 것이다. 하느님은 나를 변화시키시는 분이시고, 나의 실패와 죄, 나의 무능과 실망을 통해(관통하여) 나에게 다가오시는 분이시다

안셀름 그륀, 「아래로부터의 영성」 中

마음의 구조와 기능

"열 길 물 속은 알아도 한 길 사람의 마음은 모른다!"
"나도 모르는 내 마음!", "나도 어쩔 수 없는 내 마음"
"마음! 마음 마음이여! 넓을 때는 온 우주를 다 담아낼 수 있을 터인데,
좁아지면 바늘 하나 꽂을 길이 없구나!"

마음의 구조와 기능

1) 우리가 알고 있는 마음(의식) : 나 (I, Ego) · 인격 (Persona)

2) 우리가 모르고 있는 마음(무의식): 그림자, 아니마 (Anima) / 아니무스 (Animus), 자기 (Self)
 · 개인적 무의식
 · 집단적 무의식 (원형, Archetype)

3) 개성화 과정 : 무의식 (그림자) → 의식 (인격) → 아니마/ 아니무스

마음은 위의 나열한 여러 가지 표현들에서 보여 지는 것처럼 인간의 능력으로 통제가 불가능하고, 또 우리가 알지 못하는 속마음이 존재한다는 사실을 알 수 있다. 말하지 않은 감정, 말하지 않은 마음은 주목 할만한 대상이 못 된다. 서양인에 비해 동양의 사고는 "이심전심(以心傳心)" 이라는 표현에서처럼 '비언어적 소통'의 전통을 가지고 있다.

01

우리들의 관심은 이 "모르는 마음", "속 마음"이다. 모르는 마음의 존재와 작용을 자연과학의 대상으로 삼고 본격적으로 탐구하기 시작한 것은 프로이드 (S. Freud, 1856 · 1939) 였다. 프로이드는 무의식이 강력한 힘을 가지고 의식에 영향을 준다는 사실을 임상사례를 통하여 증명하였다. 프로이드는 한 연구에서 히스테리 환자들이 자기도 몰랐던 마음을 기억에 떠올려 이를 표현하는 방식으로 병이 깨끗하게 나았다는 사실을 연구자들에게 가르쳐 주었다. 처음으로 발견한 무의식의 내용은 현실의 도덕규범과 맞지 않아서 의식에서 무의식으로 억압된 여러 가지 충동이었다. 특히 억압된 성적욕구와 유아적 충동, 여기에 더하여 지나치게 엄격한 도덕적 감독 기능을 하는 부분이 무의식 속에서 발견되었다. 또한 삶의 본능, 죽음의 본능, 사랑의 욕구와 파괴적 욕구의 양면이 무의식의 충동을 이룬다고 보았다. 무의식에는 억압된 성적 충동뿐 아니라 그 밖의 여러 가지 다른 충동과 심리적 요소가 있고 현실에서 받아들여지지 않아 억압된 충동뿐 아니라 단순히 잊어버린 것들이나 자극이 약해 의식까지 미치지 못하는 내용들이 있다는 사실이 후에 밝혀지게 되었다.

02

융은 인간이 출생한 이후 살아오면서 이루어진 무의식의 층을 개인적 무의식(Personal unconscious)이라고 명하였다. 융은 한걸음 더 나아가 이미 태어날 때부터 마음의 토대를 이루고 있는 무의식의 층이 있다는 사실을 발견했다. 태어날 때부터 갖추어져 있는 인간 고유의 원초적인, 그리고 인간이면 누구에게나 있는 보편적인 특성을 나타내는 무의식의 심층을 융은 집단무의식(collective unconscious)이라고 명하였다. 무의식은 단순히 충동의 창고, 의식에서 쓸어낸 쓰레기장이거나 병적인 유아기 욕구로 가득 찬 웅덩이에 불과한 것이 아니라 마음을 성숙하게 하는 창조의 샘이다. 융의 무의식관은 무의식이 자율성을 가진 창조적 조정능력을 지닌 것이라는 점에서 프로이드와 근본적으로 다르다.

03

2차 세계대전 이후 정신분석은 무의식적 충동을 다루는 이드(id) 심리학에서 자아(ego) 심리학으로 방향을 전환한다. 무의식의 존재나 그 기능과 상징성에 관한 관심이 약해지고 자아의식과 대인관계에 더 무게를 싣는 경향이 있다. 하지만, 심층심리의 귀중한 발견은 오늘날 교회에서 영성의 훈련과 자기발견을 위한 내면의 치유에 소중한 도구로 자리매김되고 있다.

04

자아(Ego)와 의식(conscious) : 자아 또는 '나'는 의식의 중심에서 의식된 마음을 통솔하고 또한 무의식의 마음과도 관계를 맺을 수 있는 의식의 특수한 콤플렉스다 (자아 콤플렉스). 내가 아는 모든 것, 내가 기억하고 있는 모든 것, 나의 생각, 나의 지각, 나의 느낌으로 알고 있는 모든 것을 우리는 의식, 자아의식이라 한다. 의식의 내용은 모두 나와 연관되어 있고 나는 나의 의식의 영역을 넓히기도 하고 좁히기도 하며 무의식의 작용을 받아들이거나 거부하기도 한다.

05

출생 이후 우리는 무의식상태에 놓여진다. 무의식 속에 나의 싹이 있고 그것은 아이가 자라면서 싹트고 성장한다. 성장하면서 '나'는 사회생활 속에서 취해야 할 일반적인 행동규범을 배운다. 나는 사회의 일원으로 일정한 역할을 한다. 그러면서 자아의식을 강화하고 그 영역을 넓히며 이로써 의식과 무의식계의 대립과 긴장이 일어나게 된다.

06

집단사회의 행동규범 또는 역할을 분석심리학에서 '페르소나(Persona, 가면)'라고 한다. 이것은 집단정신에서 빌려온 판단과 행동의 틀이다. 집단이 개체에 요구하는 도리, 본분, 역할, 사회적 의무에 해당하는 것, 그 집단에서는 누구나 그렇게 생각하고 느끼고 행동해야 할 여러 유형이다. '나'는 페르소나를 배우고 여러 종류의 페르소나를 번갈아 쓰면서 사회 속을 살아간다. 이러한 페르소나는 그 집단 밖에서는 인정될 수 없는 경우가 많다는 점에서 인간의 보편적 원초적 행동유형과 반드시 일치하는 것은 아니다. 자아의식은 바다 속의 섬과 같다. 바다 같은 무의식은 자아의식이 그 속에 있는 보배들을 발견하고 이용하기를 기다리고 있는 처녀지와 같다.

07

무의식의 내용과 의식화(개성화) 과정: 무의식은 글자 그대로 '의식되지 않은 것'이다. 우리의 의식생활에 영향을 주고 있으면서도 모르고 있는 마음의 세계이다. 무의식의 상당부분은 우리가 적극적으로 인식함으로써 의식의 내용에 동화시킬 수 있다 (의식화 과정, 깨달음, individualization). 무의식의 적극적 성찰의 한 방법은 분석가에게 자기의 무의식을 살펴볼 수 있도록 상담을 진행하며 분석 작업을 하는 경우이다. 또 한 가지 방법은 종교적 수행의 방법이다. 이는 무의식의 의식화를 통한 인격의 창조적 변형에 기여한다. 종교는 일상적인 자아의식을 초월하는 '신성한 영역'에 존재한다. 영적인 세계와의 접촉을 통하여 마음의 변화를 시도하는 종교적인 명상이나 수련은 경험세계에서 내면의 치유에 관련하여 매우 긍정적인 역할을 수행하고 있다. 무의식 자체가 그 사람의 의식을 변화시키고자 하는 의도를 가지고 끊임없이 작동하고 있다는 사실 역시 중요한 무의식의 한 측면이다.
심층심리학은 무의식의 그러한 능력을 차마 생각하지 못했다. 즉 인격의 변화와 성숙은 오직 자아의식의 힘에 의해서만 이루어진다고 생각하였다. 하지만, 무의식은 자아가 무의식을 경시하고 그것과의 대면을 피할 때, 자아로 하여금 그것을 보지 않을 수 없도록 자극함으로써 무의식의 경향을 의식화 할 수 있는 '기회'를 자아에게 준다. 그리하여 인간의 삶 속에서 무수히 겪게 되는 시련, 고통, 갈등, 절망, 상실의 아픔이 자기성찰의 귀중한 기회이며 성숙에의 의미 있는 고통이듯이 우리는 언제나 무의식에서 올라오는 창조적 자극의 영향 아래 있고 때로는 그것이 고통스런 체험, 심지어 신체적 정신적 병고의 시련으로 표현된다.

08

무의식의 창조적 작용은 자율성(autonomy)과 보상작용(Compensation) 으로 표현된다. 마치 자율신경계가 외부에서 오는 스트레스에 대응하여 신체기능의 균형을 유지하기 위해 자율적으로 신체생리를 조절하는 것과 같다. 지나치게 이성적인 남자의 꿈속에서 그로 하여금 매우 비합리적인 행동을 하게 하거나 평소와는 달리 열렬한 사랑을 나누게 만든다. 혹은 지나치게 소심한 사람의 꿈에서 깃발을 들고 데모 행진의 선두를 달리는 영웅 상을 만들기도 한다. 이는 의식의 일방성을 깨우치고 의식이 소홀히 하고 있는 것이 무엇인지 알려주기 위한 무의식의 의도를 드러낸 꿈의 작용이라 볼 수 있다.
자기 인식의 작업을 소홀히 할수록 무의식의 보상작용의 강도가 높아지고 무의식과 과보상(overcompensation)은 결국 의식의 기능을 일시적으로 마비시키거나 교란시켜 노이로제의 증상이나 생리적 이상을 일으킨다.

09

그림자 : '그림자'는 의식에 가장 가까이 있는 무의식의 내용이다. 무의식의 의식화 과정에

서 제일 먼저 만나는 것이 그림자라고 부르는 심리적 내용이다. 그림자란 무의식의 열등한 인격이다. 그것은 나, 자아의 어두운 면이다. 다시 말해 자아로부터 배척되어 무의식에 억압된 성격측면이다. 그래서 그림자는 자아와 비슷하면서도 자아와는 대조되는, 자아가 가장 싫어하는 열등한 성격을 지니고 있다. 자아의식이 한 쪽 면을 지나치게 강조하면 그림자는 그만큼 반대편 극단을 나타낸다.

10

그림자는 본래 의식에 가장 가까운 개인적인 무의식의 내용이다. 그림자가 다른 사람에게 투사(Projection)될 때는 나와 비슷한 부류의, 나와 같은 성(性)의 대상에 투사되며 거기서 그는 자기가 가장 싫어하는 사람들을 본다. 또, 우리의 무의식에는 의식과 무의식을 하나로 통합하고자 하는 핵심적인 자기원형(Archetype • Self)이 있다. 이 또한 그림자를 가지고 있는데 이는 엄청나게 강력한 에너지를 가지고 있다. 그림자가 의식화되어 의식에 동화하면 의식의 시야가 넓어지고 그림자의 부정적인 작용은 건설적인 기능으로 바뀐다. 일반적으로 그림자가 의식화되면 그 다음 단계로 아니마, 아니무스를 인식하게 되고 이것이 인식되면 자기, 즉 마음의 전체를 실현하는 마무리 단계에 도달한다고 생각한다.

11.

아니마, 아니무스는 '마음의 혼'이라 볼 수 있다. 이는 모두 자아의식을 초월해 있는 개념이다. '나'의 통제를 받기보다는 고도의 자율성을 지닌 독립된 인격체와 같은 것을 시사한다. 융은 인간의 무의식 속에 그와 같은 독자적인 인격이라 할 만한 것들이 존재한다고 보았다. 그는 이것을 '내적인격' 이라 불렀다. 이는 '외적인격'인 페르소나 (Persona)에 대응하는 무의식적 인격이다. 이러한 아니마/아니무스는 원형이지만 무의식의 원형 중에 특수한 원형이어서 자아의식을 무의식의 심층, '자기(Self)'에게로 인도하는 인도자(매개자)의 역할을 수행한다.

12

자기(Self) : '자기'란 자기실현의 종착점이자 시발점이다. 자기란 전체정신, 의식과 무의식이 하나로 통합된 전체정신이다. 그것은 인격성숙의 목표이며 이상이다. 이는 의식의 중심에 있는 '나(자아)'를 훨씬 넘어서는 엄청난 크기의 전체정신의 중심이며 핵이다. 이는 원형 중의 핵심이며, 의식과 무의식의 조화로운 통합을 위해 스스로 조정하고 질서 지우는 우리 정신의 내적인 방향타이며 나침반이며 고등종교에서 최고의 신, 최고의 진리라고 생각하는 것의 상징, 마치 태양계의 많은 혹성의 배열을 결정하며 운행을 조정하는 알 수 없는 궁극의 원리 같은 것, 그것이 자기원형이다. 융은 인간 무의식 속에서 하느님과 같은 신상을 발견한 것이다. 우리는 자기원형 그 자체를 인식할 수 없다. 우리가 인지할 수 있는 것은 자기원형의 상(Image)이다. 이는 인간의 꿈, 환상, 신화, 민담, 종교적 표상 속에 나타난다. 원형이란 지리적 인종적 차이, 문화, 시대사조의 차이에 관계없이 언제 어디서나 시간 공간을 초월하여 인간이면 누구에게나 갖추어져 있는 인간형태의 원초적 조건이다. 무의식의 의식화 작업을 통하여 그림자와 아니마, 아니무스를 의식화하고 자기를 실현한다고 해서 무의식의 세계가 낱낱이 밝혀지고 완전한 인간이 되는 것은 아니다. 자기는 언제나 자아보다 크다. 우리는 자기실현을 통하여 '완전한 인간'이 되는 것이 아니라 '온전한 인간'이 되는 것이다.

13

심리학적 유형 : 자기실현, 개성화과정(individualization)을 의식과 무의식의 관계에서 보다 구체적으로 심리학적 유형을 대별할 수 있다.

▶ 선천적으로 사람은 삶을 살아가는 데 두 가지 서로 다른 일반적인 태도와 입장이 있다.
  • 내향적 태도 / 외향적 태도
▶ 또한 사람의 태도(정신)에는
  • 사고 / 감정 (합리적 기능) / 직관 / 감각(비합리적 기능)의 네 가지 기능이 있다.
▶ 네 가지의 특수기능에는 또한 사람에 따라 특히 발달된 우월한 기능과 열등한 기능이 있다.
  • 외향형 : 사고형 / 감정형 / 직관형 / 감각형, 판단형 / 인식형
  • 내향형 : 사고형 / 감정형 / 직관형 / 감각형, 판단형 / 인식형

14

위에서처럼 인간 정신에는 8가지 유형이 생기고 가장 잘 발달된 주 기능 다음으로 발달된 제2기능이 어느 것이냐에 따라 다시 두 경우로 구분되어 최소한 열여섯 종류의 심리학적 유형을 생각해 볼 수 있다.(MBTI 4가지 선호지표, 표1)

이리하여 무의식의 열등기능을 발전시키는 작업은 자기실현에 매우 유익하다. 우세한 의식의 태도나 기능은 그 반대 극의 무의식의 태도나 기능에 의해 보상된다. 즉, 외향형의 무의식에는 열등한 내향적 경향이 있고, 사고형은 열등한 감정기능을, 감정형은 열등한 사고를 무의식에 가지고 있다. 이러한 무의식의 열등기능은 의식에 대한 보상작용을 일으켜 의식을 자극하여 의식의 일방성을 제지한다.

그것은 외계로 투사된다. 열등기능이 외계로 투사되면 그 대상에 대한 부정적인 감정을 느낀다. 내향형은 외향형더러 속에 든 것 없이 겉치레만 좋아한다고 흉보고, 외향형은 내향형을 고집불통의 독선가, 비현실적인 이상론자라고 비난하게 된다. 문제는 열등기능을 의식화 하는 작업이다. 열등기능을 찾아서 그것을 살리고 발전시키면 그것은 이미 열등기능을 멈춘다. 자기실현이 상당히 진행되면 각 유형간의 차이가 점점 줄어든다. 이를테면 내향형을 존중하는 외향형이, 또는 외향성을 발휘할 줄 아는 내향형이 된다.

15

마음 안에서 그림자의 자리 : 그림자는 과연 전체정신의 어디에 위치하는가? 일차적으로 그림자는 개인적 무의식의 열등한 인격, 자아콤플렉스의 무의식 면의 여러 가지 열등한 성격경향이다. 그림자는 전체 무의식의 일부를 차지한다. 이는 전부가 아니며 일부분임에 집중해야 한다. 우리가 무의식을 의식화하면서, 다시 말해 우리가 가지고 있으나 모르고 있는

[표 1] MBTI®4가지 선호지표

E 외향형 (Extraversion)	**I** 내향형 (Introversion)
폭넓은 대인관계를 유지하고 사교적이며 정열적이고 활동적이다.	깊이있는 대인관계를 유지하며 조용하고 신중하며 이해한 다음에 행동한다.
• 자기외부에 주의 집중 • 실제의 경험 • 정열적, 활동적 • 말로 표현 • 경험한 다음에 이해 • 쉽게 알려짐	• 자기내부에 주의 집중 • 내부 활동과 집중력 • 조용한, 신중한 • 글로 표현 • 이해한 다음에 이해 • 서서히 알려짐

S 감각형 (Sensing)	**N** 직관형 (iNtuition)
오감에 의존하며 실제의 경험을 중시하고 지금, 현실에 초점을 맞추어 정확하고 철저하게 일처리한다.	육감 내지 영감에 의존하며 미래지향적이고 가능성과 의미를 추구하며 신속, 비약적으로 일처리한다.
• 지금, 현실에 초점 • 실제의 경험 • 정확하고 철저한 일처리 • 사실적 사건 묘사 • 나무를 보려는 경향 • 가꾸고 추수함	• 미래, 가능성에 초점 • 아이디어 • 신속하고 비약적인 일처리 • 비유적, 암시적 묘사 • 숲을 보려는 경향 • 씨 부림

T 사고형 (Thinking)	**F** 감정형 (Feeling)
진실과 사실에 주로 관심을 갖고 논리적이고 분석적이며 객관적으로 사실을 판단한다.	사람과의 관계에 주로 관심을 갖고 주변 상황을 고려하여 판단한다.
• 진실, 사실에 주된 관심 • 원리의 원칙 • 논리적, 분석적 • '맞다, 틀리다'의 분석 • 규범, 기준 중시 • 지적 논평	• 사람, 관계에 주된 관심 • 의미와 영향 • 상화아적, 포괄적 • '좋다, 나쁘다'의 판단 • 나에게 주는 의미를 중시 • 우호적 협조

J 판단형 (Judging)	**P** 인식형 (Perceiving)
분명한 목적과 방향이 있으며 기한을 엄수하고 철저히 사전에 계획하고 체계적이다.	목적과 방향은 변화 가능하고 상황에 따라 일정을 변경할 수 있으며 자율적이고 융통성이 있다.
• 정리 정돈과 계획 • 의지적 추진 • 신속한 결론 • 신속한 결론 • 분명한 목적의식과 방향 감각 • 뚜렷한 기준과 자기 의사	• 상황에 맞추는 개방성 • 이해로 수용 • 유유자적한 과정 • 융통과 적용 • 목적과 방향은 변경 가능하다는 개방성 • 재량에 따라 처리될 수 있는 포용성

*한국심리검사연구소, MBTI Gs형 프로파일 참조

인격부분을 깨달아가면서 성숙해 가는 과정, 즉 자기실현의 과정에서 처음으로 만나는 무의식의 요소이다. 우리는 험악한, 비굴한, 또는 야비한 자신의 그림자의 모습을 만나게 될 것이다. 문제는 이러한 그림자를 대면하고 이를 통과하고 지나가야 비로소 자기실현의 다음과제인 아니마, 아니무스를 의식화 할 수 있는 조건이 다소라도 생겨날 수 있다. 그림자의 문제는 살아있는 한 만들어지게 마련이고 일생을 살아가면서 계속된다. 그림자를 다루려면 무의식 전체를 의식의 그림자로서 다루어야 할 것이다. 우리가 의식을 '빛'이라고 부르는 한 무의식은 분명 의식의 그림자라고 할 수 있기 때문이다. 그러나 무의식을 자세히 관찰하면 거기에는 어두운 그림자·파괴적, 부정적 열등성·만 있는 것은 아니다. 그 안에는 창조적 능력, 즉 빛의 원천이 있음을 발견하게 된다. 정신의 전체성이란 빛과 그림자의 융합으로 이루어진다. 겉보기에는 열등한 그림자 속에 또한 창조와 성숙의 씨앗이 있다는 점을 강조하고 있다.

그림자의 인식 또는 의식화는 아니마, 아니무스를 바르게 인식하는데도 매우 중요하다. 왜냐하면 그림자는 보통 아니마,아니무스를 감싸고 있는 커다란 어둠으로 아니마, 아니무스를 명확하게 볼 수 없게 만들기 때문이다. 즉, 그림자는 바다 표면 가까이 뜬 해초와 같으나 일단 끄집어내기 시작하면 정신의 가장 밑바닥에 놓인 보배, 또는 비밀을 건드리게 된다

1. 그림자의 기원과 분석 심리학 안에서의 개념

01

분석심리학에서 '그림자'는 살아있는 것이다. 살아있기에 무시할 수 없고 의식화해야 하는 것이다. '그림자'란 용어를 단지 빛의 결여, 빛의 수반현상으로서의 의식의 찌꺼기 정도로 이해한다면 우리들의 성장을 위한 작업은 불가능해 질 것이다. 원시인들은 그림자 또는 거울(물)에 비친 영상을 그들의 영혼이라고 보았다. 그림자를 밟히거나 찔리거나 하면 원시인은 마치 자기 자신의 몸에 상처를 입은 듯이 느꼈다.

02

중국에서는 입관 할 때 관 뚜껑을 씌우려 할 때 가장 가까운 가족 이외의 문상객들은 모두 몇 발자국 뒤로 물러서거나 다른 방으로 간다. 왜냐하면 산 사람의 그림자가 관속에 들어가면 그의 건강에 위험이 있다고 믿었기 때문이다. 관을 무덤 속에 내려놓을 때도 대부분 참관자는 그림자가 무덤 안에 비치지 않도록 조금 뒤로 물러가 선다고 한다.

03

일본어의 '가게 (영,影)'라는 말에는 빛, 그늘, 모습, 다른 사람의 은혜라는 뜻이 있다. 이는 중국, 한국, 일본에 모두 공통된 의미이다. 일본 '에도시대' 에는 '그림자의 병'에 관한 믿음이 있었는데 병자의 모습이 둘로 쪼개져서 본래 몸과 분신 사이의 진위를 알 수 없게 되는 병이라는 것이다. 또한 일본의 설화 속에는 그림자를 취하는 연못이 여러 곳에 있어 물속의 괴물이 그림자를 삼키면 죽는다는 전설도 있다. 원귀에 그림자를 빼앗기면 그 사람은 죽는다는 믿음에 얽힌 물 속의 요괴를 '가게도리(그림자를 잡아먹는 자)'라 했다.

04

또한 그림자가 커지거나 작아지는 현상은 사람들에게 큰 충격을 준다. 그림자가 줄어들면 고독과 근심 때문에 그림자 주인의 생기 있는 에너지가 감소할 징조라고 본다. 그림자의 상실은 죽음을 의미한다. 홀란드 령(領)이던 암보니아 섬과 율리에이스 섬에서는 한 낮에 밖에 나가지 않는다. 왜냐하면 영혼의 그림자를 잃지 않기 위해서이다.

05

우리나라에서도 그림자는 영혼 또는 제2의 자아로 간주되었다. '사람은 그림자가 있으나 귀신은 그림자가 없다' 라든가, '스승의 그림자도 밟지 마라!'라는 말이나 민속놀이 중에 그림자 밟기 놀이 중 술래에게 그림자를 밟히면 진다고 하는 데서 한국인들도 그림자를 인식하고 의식하고 있었음을 살펴볼 수 있다. 과거부터 현대에 이르기까지 또 서양에서 동양에 이르기 까지 많은 사람들의 의식 안에는 그림자란 구체적인, 살아있는 존재, 그 주인의 분신이고 영혼이며 나아가 주인의 생명이나 힘까지도 대변한다는 믿음이 보편적으로 존재함을 알 수 있다.

06

그림자를 가지고 있다는 것은 살아있다는 증거이며 그림자와의 분리, 또는 소실은 죽음을 말한다는 생각은 분석심리학의 그림자 개념과 비슷한 데가 있다. 또한 '그림자를 소중히 해야 하며 아무 데나 던져서는 안 된다!' 라는 개념도 비록 원시적인 정령관념에 근거한 것이기는 하지만 그림자의 투사가 빚어낼 수 있는 많은 문제를 의미 있게 지적하고 있다. 그림자의 상실이 죽음을 의미한다는 생각은 심리학적인 무의식의 '그림자'가 정신적 삶에서 얼마나 중요한 것인가를 강조하는 분석심리학의 관념을 다른 말로 표현 한 것처럼 보인다. 전체로서의 인간의 정신은 의식의 대자(對者)인 그림자, 즉 무의식을 필요로 한다.

07 무의식을 의식화해서 의식의 영토를 넓히고 전체정신에 접근해 가는 작업을 부단히 할 필요가 있다. 그러나 그러한 자기실현의 과정이 성취된다고 하여도 무의식은 완전히 없어지는 것이 아니다. 왜냐하면 전체정신인 자기(Self)는 자아(ego)를 넘어서는 것이기 때문이다.

08

의식화 작업을 통하여 인간은 신과 같이 완전무결한 존재가 아닌 인간으로서의 원만성을 갖추게 된다. 그런데 자기의 그림자를 보지 않으려는 나머지 그것을 누르고 마치 그것이 없는 것처럼 선의 얼굴로 행동하여, 그래서 도덕적으로 완전한 인격체처럼 행동하여 '그림자 없는 사람'임을 자처하거나 지향한다면 그는 결국 자기 자신으로부터 소외된 신경증적 해리 상태에 머무르게 될 것이다. 원시적 관념에서의 '죽음'이란 생명력의 상실, 생명으로부터의 유리에 비길 수 있는 것이다. '그림자 없는 존재'란 오랜 수련 끝에 해탈하여 투명해진 사람, 그림자를 남김없이 의식화한 사람이며 그림자를 억압하여 완벽한 도덕군자처럼 행동하는, 그림자로부터 분열된 자아상과는 다른 것이다.

09

분석 심리학 안에서의 그림자의 개념: 융의 수제자, 마리 루이제 폰 프란츠은 "민담에 나타난 그림자와 악" 이라는 책에서 융의 그림자 개념을 다음과 같이 설명 한다.

"융 심리학에서 그림자는 자아콤플렉스의 어두운, 아직 살지 못한, 억압된 측면이라고 말할 수 있다.
그러나 이런 정의는 단지 부분적으로 타당할 뿐이다"

그림자란 우리 마음속에 있는 우리가 모르는 마음을 말한다. 대체로 우리가 계속 살펴나가면 그것이 부분적으로는 개인적이고 부분적으로는 집단적인 요소로 이루어진다는 사실을 알게 된다. 그림자는 일차적으로 개인적 무의식의 내용으로서 무의식의 의식화에서 비교적 쉽게 경험될 수 있는 것이라는 설명과 함께 그러나 원형으로서의 그림자는 꿰뚫어보기가 어렵다는 말을 함으로써 그림자 개념이 개인적 무의식뿐 아니라 집단적 무의식에도 적용됨을 명시하였다.

10

심리학적 유형설에서 말하는 정신의 네 가지 기능 중 가장 발달되지 못한 열등기능이 항상 우리 자신의 고태적 인격과 연결되어 있고 분화된 기능의 측면에서 보아 우리는 문명인이지만 열등기능에서 보면 미개인이라는 것이다.

▶ 내배엽성 정신기능 (endopsychic function)
▶ 외배엽성 정신기능, 세계 (ectopscyhic function, world)

내배엽성 정신기능은 '자아 밑에 있는 것'을 가리킨다. 자아란 어두운 것들이 포함된 큰 바다에 떠 있는 의식의 단편일 뿐이다. '어두운 것들'은 내적인 것이며, 우리가 알고 있는 정신세계를 가리키는 외배엽성 정신세계 (의식세계)를 잇는 문턱 저 너머가 그림자의 세계이다. 내배엽성 정신의 측면에는 의식기능의 주관적 요소들이 있는데 이들은 우리가 낯선 사물을 대할 때 항상 끼어들어 그것을 제대로 보지 못하도록, 또는 부정확하고 부당하게 보도록 한다. 사람들은 이것을 인정하지 않는다. 우리는 그러한 주관적인 부적절한 반응을 그림자 속에 버려둔 채 자기 자신은 늘 완벽하고 친절하고 성실하고 솔직하며, 단지 너무 의욕적일 따름이라고 생각한다.

11

신체가 우리 정신의 그림자 세계일 수 있다는 사실도 지적될 수 있다. 신체는 우리의 내면과 밀접한 연관을 갖는다. 신체는 가장 의심쩍은 친구이다. 왜냐하면 그것은 우리가 좋아하지 않는 것을 만들어 내기 때문이다. 몸에 대해서는 말로 언급할 수 없는 것이 너무나 많다. 몸은 자아의 이런 그림자의 인격화이다! 그림자는 낡은 방식들, 낡은 인격, 안일한 것들, 인격의 열등한 부분, 부정적 측면이며 감추어진, 바람직하지 않은 성질의 총화, 잘 발전되지 못한 기능들이며 강렬한 저항에 의해서 억압되고 있는 것으로 정의된다.

12

다른 한편으로 그림자는 무의식의 '다르게 하고 싶은 마음'이며 그 '열등한' 인격 속에는 의식생활의 법과 규칙을 따르지 않으려는 온갖 '불순종'이 들어 있다고 융은 말한다. 그런데 우리가 우리 속의 그러한 경향을 비판적으로 시인하고 실현시킬 수 있을 때 그림자의 의식과의 통합이 이루어지며, 그런 작업은 곧 불순종과 분노를 유도하는 동시에 우리에게 필요한 자립성을 갖게 한다. 그것 없이는 개성화 (individuation)를 생각할 수 없다. 만약 윤리가 의미를 가지려면 유감스럽게도 다르게 하고 싶을 수 있음이 살아 있어야 한다. 사람이 빛을 향하면 향할수록 뒤의 그림자는 커진다. 혹은 사람이 의식의 빛에 눈을 돌리면 돌릴수록 등 뒤에서 그림자를 느낀다.

13.

우리가 세계에서 보는 것은 전체성과는 거리가 멀다. 그것은 단지 표면일 뿐이다. 우리는 세계의 실체(Substance)를 보고 있는 것이 아니다. 다른 말로 칸트가 물자체 (Ding an sich)라고 한 것을 보고 있지 않다. 그러므로 우리는 세계의 다른 반을 필요로 한다. 즉 그림자의 세계, 사물의 안쪽을 바라보고픈 것이다. 융의 그림자 개념은 성악설이니 성선설이니 하는 이원적 개념과는 거리가 멀고 고정된 죽은 개념도 아니며, 불변의 심리적 조건도 아닐뿐더러 움직이고 변할 수 있는 살아있는 실체이다. 그림자는 열등하게 보이고 또 그렇게 나타나지만 개인적 무의식의 그림자는 의식화로써 분화 발달되고 창조적으로 변환될 수 있는 것이며, 원형적 그림자인 경우 비록 그것이 불변의 충격적인 인간속성을 표현한다고 하더라도 그에 대한 인식은 인간본성의 전체성을 인식하는데 필수적이다.

14

'열등한 인격부분의 인식', 그것의 앎을 지성주의적 현상으로 얼버무려서는 안 된다. 왜냐하면 그것은 전체인간에게 미치는 체험과 고통을 의미하기 때문이다. '열등한 인격부분' 이라는 말 자체가 벌써 적절하지 않고 잘못 다루어질 여지가 있다. 가장 다루기 어려운 부류의 사람은 '그림자 없는 사람'인데 이는 통계적으로 가장 흔한 인간유형이기도 하다. 자기가 자기 자신에 관해 알고 있는 그런 존재를 유지하고 있다고 착각하는 사람들이다. 인간은 되어가는 존재이다. 우리는 끊임없이 자라고 변화해 나가는 미완의 존재이다. 우리가 여러 해를 거쳐 이루게 될 미래의 인격은 이미 그림자 안에 존재한다. 미래의 인격은 아직 보이지 않으나 우리는 그 미래의 인격주변을 맴돌고 미래의 존재를 보게 되는데 그렇게 할 수 있는 잠재력은 물론 자아의 어두운 측면에 속한다. 우리는 우리가 무엇이었는지를 잘 안다. 그러나 무엇이 될 것인지는 모른다. 우리가 무엇이 될 것인지를 아는 출발의 첫 단계에 그림자가 있다.

15

그림자는 대개 단지 낮은 것, 저급한 것, 미개한 것, 적응이 안 된 것, 다루기 힘든 것일 뿐 절대적으로 악한 것이 아니다. 그것은 또한 원시적인 성격을 내포하고 있으며 인간적 실존을 어느 정도 활성화 하고 풍성하게 만들어 줄 수 있는 것이다. 그러나 또 다른 측면에서 고려해야 할 것은 겉보기에 낮고 열등한 성격을 띠는 그림자가 사실은 창조적 성질을 가지고 있다는 사실이다. 우리는 무의식적 인간, 즉 그림자가 도덕적으로 비난할 만한 경향으로만 이루어 진 것이 아니라 일련의 좋은 성질, 즉 정상적인 본능, 창조적 충동 등도 나타내고 있음을 발견할 수 있다. 이러한 인식단계에서 악은 그 자체로는 자연스러운 사실의 왜곡, 변형, 곡해, 무분별한 적용으로 나타난다. 의식에서 억압되어 이루어진 개인적 무의식의 내용으로서의 그림자는 이른 바 크게 해롭지 않고 의식화하여 분화된 태도로 변화할 수 있는 상대악이다. 그 성질과 그 실체를 용감하게 직면하는 것, 그럴 때 인간은 세계를 위해 무엇인가 기여할 수 있다.

16

이렇게 그림자를 인식하는 것은 보통의 정도를 넘어서는 도덕적 능력을 의미한다. 자기 인격의 어두운 측면이 자기 안에 존재한다는 인식은 모든 자기 인식의 필수적인 토대를 이루지만 그러한 인식은 늘 커다란 저항에 부딪치게 마련이다. 그림자를 형성하는 어둡고 열등한 성격의 경향을 자세히 살펴보면 통제할 수 없는 자율성과 강박적인 집착성, 격정이 개입한다는 사실을 발견한다. 그런 강박적 격정은 항상 적응이 가장 덜 된 부분에서 일어나며 적응의 약화, 인격의 낮은 수준을 노출시킨다. 그림자는 자신의 인격의 부정적 측면이므로 쉽게 남에게 투사되어 자신 속에는 없는 것처럼 여기게 되므로 투사를 거두는 데 상당한 저항을 보이는 것이다. 결론적으로 말하고자 하는 바는 그림자는 좋고 나쁜 것이 아니라 정신생활의 살아있는 조건이다. 그것이 있음으로써 사람은 사람다워진다. 그림자는 강력한 저항 아래 억압되어 있고 억압된 것은 의식됨으로써 정신적 대극의 긴장이 형성되는데 그것 없이는 어떠한 발전도 가능하지 않다. '자기'는 그림자가 있음으로써 하나가 된다. 음과 양이 합쳐져 도를 이루는 것과 같다. 우리의 경험이 미치는 한 인간성에서의 빛과 그림자는 같은 비율로 배분되어 있는 듯 보인다. 그림자는 개인의 무의식에 억압되어 앞으로 의식화되기를 기다리고 있는 열등한 인격의 한 측면이다.

2. 그림자의 발견: 투사

그림자는 무의식의 이미지이다. 자아는 자신이 어떤 그림자를 가지고 있는지 모른다. 만약에 우리들 동료 중 한 사람이 우리의 결점을 비난할 때 마음속에 심한 분노가 끓어오르는 것을 느낀다면 바로 그 순간 우리는 우리가 의식하지 못하고 있는 우리들의 그림자의 일부를 발견할 것이다. 나아가 다른 사람이 아니라 우리 자신의 꿈, 우리 자신의 존재 안에 있는 내부의 심판관이 우리를 비난한다면 그때야 말로 우리 자신의 그림자를 깨달을 수 있는 순간이며 이때부터 그림자를 의식화해 나가는 고통스럽고 지루한 작업이 진행된다.

01

그림자는 통제할 수 없는 격정을 불러일으키고 가장 적응이 안 된 곳에서 노출된다. 우리가 대인관계에서 버럭 화부터 내는 것은 우리 무의식의 '아픈 곳'이 건드려졌기 때문이다. 이 '

아픈 곳'이란 곧 격한 감정을 내포하고 있는 무의식의 콤플렉스인 것이다. 사소한 계기에 순간적으로 무의식의 그림자가 통제할 겨를도 없이 먼저 튀어나온 것이다.

02

이러한 그림자는 일차적으로 꿈에서 발견 된다 (*꿈에 대해서는 나중에 다시 취급하기로 한다). 그것은 의식에서는 배제되었고 의식의 입장에서 자기 속에는 있을 리 없다고 부정하는 태만, 불성실, 비겁, 탐욕, 책략 등 온갖 열등한 성격의 한 부분이다. 그러므로 그림자를 보고 그림자를 의식화하려면 먼저 무의식의 표현인 꿈을 분석해 보아야 한다.

03

전문가의 분석을 거치지 않고 스스로 자기의 그림자를 인식할 수 있는 방법이 있다. 무의식의 그림자를 밖으로 투사하였을 때 그 투사대상을 향한 자기의 감정을 살펴보는 일이다. 나쁜 것은 남에게만 있다고 생각함으로써 괴로운 마음을 피하려는 자기 방어의 수단으로서 뿐만 아니라 자기의 무의식적인 마음의 일부를 의식화 할 수 있는 기회를 갖도록 하는 목적으로도 투사현상이 일어난다. 투사는 자신을 돌이켜보고 다른 대상으로 떨어져 나간 자기의 분신을 되찾아올 수 있는 좋은 기회가 될 수 있다. 아직 밖으로 투사되지 않은 무의식의 내용도 있다. 그러나 무의식의 내용이 밖에 있는 어떤 대상에 투사되면 우리는 최소한 우리 안에 있는 것을 투사대상 속에서 경험하게 되고 그런 경험을 통해서 자기 마음 속의 무의식적 내용을 깨달을 수 있는 기회를 갖게 된다. 투사현상의 특성을 알고 자기 마음을 성찰하는 태도를 가지면 어느 정도 자기의 그림자를 일시적이나마 알게 될 것이다.

04

비슷한 세대, 같은 성의 청소년 친구들, 직장동료 사이의 관계에서 (같은 조건들이 존재해야 투사가 이루어지는가? 는 또 다른 차원의 문제! 이성끼리는 투사가 이루어 지지 않는가! 신부들과 수녀들 사이의 투사가 일어날 수 있는가?) 왠지 모르게 공연히 싫은 사람, 이유 없이 내 비위를 거슬리는 동료, 선배, 후배가 있을 수 있다. 주는 것 없이 밉고, 감정이 섞인 말투로 남을 비평할 때는 그림자의 투사현상이 일어나고 있을 가능성이 크다. 그림자는 보통 부정적이고 열등한 성격의 이미지로 나타나기 때문에 그것이 투사된 인물에게 향하는 감정은 늘 좋지 않은 성질을 띤다. 어떤 사람에게 '나도 모르게' '공연히' '알 수 없는' 거북한 느낌, 불편한 감정, 혐오감, 경멸하는 마음이 일어난다면 분명 그곳에는 무의식의 투사가 일어나고 있고 대개 그 내용은 '자아'의 그림자에 해당하는 부분이다. 다른 사람과 대화를 나누는 중에 그 사람에 관한 말이 나오면 공연히 기분이 언짢아 진다던가. 그 또는 그녀에 관한 좋지 않은 평을 꼭 한 마디하고 지나가야만 직성이 풀린다고 할 경우, 여기에도 그림자의 투사가 일어나고 있는 것이다.

05

투사란 어떤 대상에 대하여 강력한 감정반응을 일으키고 자아가 그 대상에 집착하게 만든다. 투사가 일어났을 때 자아는 그 대상에 대하여 초연해 질 수도 무관심할 수도 없다. 이 것이 투사의 특징이다. 이것은 무의식적으로 일어나므로 자신은 그것이 투사된 자기의 마음인지를 모른다. 그를 잘 아는 사람의 눈에는 그가 비난하고 싫어하는 성격의 경향이 바로 그 사람 성격의 일부라는 것이 보인다. 그림자의 투사가 일어날 경우 그런 열등한 성격이 유난히 두드러져 보이고 주관적인 감정에 사로잡혀서 그 사람 성격의 긍정적인 측면을 볼 수 있는 마음의 여유가 거의 없다. 이렇게 다른 사람 속에 있는 열등한 인격의 측면은 자신의 그림자의 투사로써 상대방이 실제로 가진 약간의 성격상의 열등성을 훨씬 과장하여 그를 아주 나쁜 사람으로 만든다. 그런데 그 '나쁜 사람'의 상당부분은 사실 그 사람의 무의식에 자기도 모르게 도사리고 있던 자기 마음 속의 그림자였던 것이다. '똥 묻은 개가 겨 묻은 개를 향해 짓듯이 남의 잘못과 나태함과 위선은 질타하면서도 자기 마음속에 든 도둑 심리는 보지 않는다.

06

의식과 무의식이 따로따로 노는 것이 정신의 해리상태이고 하나로 합치는 것이 전체정신의 실현이라면 전체정신은 오직 각자의 무의식 자기가 평소에 못보고 있는 자기의 속마음·을 살펴보는 자기인식을 통해서 이루어진다. 비난하고 욕하고 헐뜯는 대상에 투사된 우리 마음의 반쪽· 그림자가 어떤 것인지를 알고 우리 자신으로 되돌려 받는 개개인의 의식화 작업이 필요하다.

07

그림자의 투사는 대인관계 안에서 상호 불신과 반목, 증오와 갈등을 일으키는 계기가 된다. "그는 틀림없이 그런 나쁜 의도를 가지고 있을 거야!" 라는 터무니없는 선입견, 그림자의 상호투사는 두 사람 사이의 오해와 불신을 더욱 깊게 만든다. 직장동료와 선후배, 그리고 모든 인간관계, 형제 자매, 시누이 올케 사이, 아버지와 아들, 어머니와 딸, 시어머니와 며느리 사이 등 권위적 존재와의 관계에서도 그림자의 상호투사가 일어날 수 있다. 가족관계에서는 부모의 그림자를 자식이 대변하는 경우가 종종 있다. 자타가 공인하는 성직자의 망나니 아들이나 딸이 어머니의 그림자를 의식 또는 무의식간에 자기의 삶 속에 받아들임으로써 어머니의 무의식의 그림자를 자극하여 갈등을 만드는 장면을 우리는 종종 주변에서 접한다. 그림자란 대개 모든 면에서 열등한 성격의 측면이므로 도덕적으로 열등한 경향을 띠고 있다. 도덕적으로 완벽하며 이성 관계에 대해서도 매우 엄격하고 모든 면에서 금욕적 생활을 지향하는 어머니의 무의식에 억압된 자유로운 사랑에의 욕구, 육체적 감각적 쾌락, 물질적 탐욕, 사치하고 싶어 하는 마음 등 여러 특징을 가진, 그런 그녀의 그림자는 우연처럼 딸에 의해 계승되어 실천으로 옮겨지는 경우가 있는 것이다. 사회적으로 선한 사람이 악한 반려자를 거느리는 경우가 있다. 그는 괜찮은 사람이지만 참모나 비서는 고약한 사람이라든가, 청렴결백한 가난한 학자와 유능한 투기꾼 마누라와 같은 결합을 우리는 현실에서 많이 발견할 수 있다.

우리의 그림자는 이와 같이 '나'의 어두운 반려자, '나'의 검은 대리인이다. 우리가 우리 자신의 무의식의 그림자를 의식하여 그것을 처리하지 않고 내버려두면 언젠가 그림자의 열등한 성격은 '나'를 사로잡고 내가 규탄하는 오물을 스스로 뒤집어쓰게 된다. 아니면 분열된 그림자가 가까운 사람을 통해 연출됨으로써 곤혹을 치르게 된다.

3. 자아의 방어기제(Defense Mechanism)

인간은 삶의 순간들에서 마음의 평정을 깨트리는 사건들이 일어나면 불안해 한다. 특히 사회적으로 도덕적으로 용납되지 못하는 성적 충동, 공격적 요구, 미움, 원한 등은 위험 불안을 일으키는데 이 불안은 욕구(id)에 대항하는 초자아(Super·ego)의 위협이 그 원인이다. 이때 자아(Ego)는 마음의 평정을 회복하려고 노력하는데 이것이 바로 방어기제이다.

부모의 불완전성, 사회적, 환경적 요인으로 인해 아이는 의존적 욕구와 본능적 욕구와 금지 사이의 갈등이 일어나고, 마음의 평화가 깨어지면서 불안이 생긴다. 이러한 두려움에서 아이는 자신을 보호하고 부분적으로 욕구의 충족을 얻을 수 있는 방법을 습득한다. 이것이 방어기제이며 성격특성으로 나타난다.

자아는 방어기제를 정신병리적인 상태뿐만 아니라 정상상태에서도 사용한다. 인간이 가지고 있는 성격상의 특성이란 그가 어떤 방어기제들을 주로 쓰고 있느냐! 하는 것으로 볼 수 있다. 현대의 영적지도의 중요한 지점은 이러한 병적인 방어기제를 인식하게 하고 건강하게 재배치 하게 하는 작업이라 할 수 도 있다. 먼저 중요한 몇 가지 방어기제를 살펴본다.

01

억압(Depression)

- 1차적 방어기제이다.
- 의식에서 용납하기 힘든 생각, 욕망, 충동들을 무의식으로 눌러 버림!
- 오디푸스 콤플렉스, 일렉트라 콤플렉스
- 억압에는 (많은) 정신에너지가 사용된다.
- 억압으로 불안을 방어하려고 하다가 실패 · 투사(Projenction), 상징화(symbolization)
- 신경증(내적)이나 성격장애(외적)가 발생한다.
- 억압이 많을수록 편견이나 선입견이 많아지는데 그 이유는 억눌린 생각들 때문이다.

억제(Suppression)

- 의식적으로 무의식적으로 잊으려고 노력하는 것, 실연당한 젊은이가 연인과의 추억을 잊으려고 하는 것
- 어떤 사람은 지나간 과거를 잘 기억하는 사람들(어렸을 적 기억들 모두)이 있지만 어떤 사람들은 전혀 기억나지 않는다고 진술하는 사람이 있다.

반동형성(reaction formation)

겉으로 나타나는 태도나 언행이 마음 속의 욕구와 반대인 경우이다. 무의식의 밑바닥에 흐르는 생각, 소원, 충동이 너무나 부도덕하고 받아들이기 두려운 것일 때 이와 정반대의 것을 선택함으로써 의식으로 떠오르는 것을 막는 과정이다.

동일화(identification)

부모, 윗사람 등 중요한 인물들의 태도와 행동을 자기 것으로 만들면서 닮는 것을 말한다. 동일화는 자아와 초자아의 형성에 가장 큰 역할을 하며 성격발달에 가장 중요한 방어기제이다.

1) 금지된 대상, 혹은 적을 동일화

닮지 않아야 하는 대상이나 사람을 모방하는 것, 깡패, 범죄자, 잔인 무도한 자를 닮을 때는 어린아이에게 그것이 힘으로 보여질 수 있다.

2) 공격자와의 동일화

공격자를 닮음으로써 불안을 방어하는 것! 두려운 대상의 특징을 닮아 자기 것으로 해서 그 대상에 대한 두려움을 극복하는 것! 이 과정을 통해 초자아가 형성된다.

- 도깨비 놀이, 귀신놀이 등

3) 병적 동일화

어떤 이상적인 인물에 붙어 공생하면서 그 인물이 가지고 있는 힘을 누려 보려는 자아의 시도! 이들은 힘이 있다고 생각되는 사람들에게 옮겨 다니면서 모방하고 붙어서 안정을 얻으려 하기 때문에 동일화도 일시적이고 과장되어 있다.

투사(Projection)

자신의 무의식이 품고 있는 공격적 계획과 충동을 남의 것이라고 떠넘겨 버리는 방어기제이다. 원시종족들이 인간의 잘못을 비생명적인 대상의 탓으로 돌리는 애니미즘, 자신의 실패를 남의 탓으로 돌리는 것! 가장 미숙하고 병적인 정신기제가 투사이다. 이는 망상이나 환각을

일으키는 정신기제이다. 그에게 불안을 주는 충동이나 욕구들이 사고의 형태로 투사되면 망상이 되고, 지각의 형태로 투사되면 환각이 된다.

유치한 인격의 사람일수록 '투사'를 많이 쓴다. 노동자, 농민, 민중의 이익을 외치는 사람이 있다. 그는 재벌들과 가진 자들에 대하여 극심한 증오심을 갖는다. 민중이 못사는 이유가 재벌들과 정부 때문이라고 기회가 있을 때마다 공격한다. 노동자의 한 달 임금이 100만원도 안 되는 비참한 생활을 하는데 이 모든 것이 독재자 때문이라고 말하면서 자신은 비싼 외제코트 400만원 짜리를 입고 다닌다. 해외여행도 수시로 잘 다닌다. 억눌리고 가난한 사람들의 인권과 이익을 말하면서 자신의 파출부나 일꾼들에게는 몹시 인색하고 심하게 대하는 사람들이 있다. 인권과 평화를 말하는 사람이 자기 여동생을 잔인할 정도로 구타한 사건, 노조 간부가 노조원을 성폭행하는 사건, 부인이 정에 굶주려 우울증에 빠지는 경우다 있다. 인권은 소중한 것이고, 인권을 위한 투쟁도 그러하다. 그러나 어떤 경우는 자신의 분노나 수치심을 은폐하기 위하여 자가의 문제를 외부의 대상에게 투사한 결과일 수도 있다.

"형제여! 먼저 네 눈 속의 들보를 빼내어라!! 하신 예수의 말씀을 돌아볼 일이다.

06

부정(deniel)

이는 발달단계 중 최초이면서 가장 원초적인 방어기제 중의 하나이다. 의식화 된다면 도저히 감당하지 못할 어떤 생각, 욕구, 충동, 현실적 존재를 무의식적으로 부정하는 것을 의미한다. 무서운 영화를 볼 때 눈을 가리는 행위, 암으로 죽어가는데 자신은 암이 아니라고 부정하는 행위, 곧 감당할 수 없는 현실에 직면하여 인간은 사실 자체를 부정해 버림으로써 마음의 평정을 유지하려 한다

제 4 강 — 영적위로와 영적고독

1. 일상에서의 "영적 위로(기쁨, 충만, consolation)"

우리는 일상을 살아가면서 때로는 하느님의 사랑으로 충만하여 기쁨 속에 지내다가도 어떤 때는 하느님이 너무나도 멀게 느껴져 실망과 좌절 속에 그분의 현존을 느끼지 못하고 영적인 메마름 속에서 지낸다. 우리는 전자를 영적 위로(기쁨, 충만, consolation)라하고, 후자를 영적 실망(고독, 메마름, desolation)이라고 말한다. 이냐시오 성인은 그의 "영신수련"에서 이에 대해 자세히 언급을 하고 있다. 그는 이러한 영적 위로와 실망이 성령의 말씀에 귀를 기울이고 있는 피정 중에 우리가 흔히 경험하는 것이라고 하였다. 그런데 우리는 끊임없이 일상 중에서도 이처럼 영적 위로와 실망을 경험하게 된다. 그렇다면, 이러한 영적 위로(충만)와 실망(메마름)은 무엇이며, 또 우리는 이것을 어떻게 다스릴 수 있을까?

영적 위로(기쁨, 충만, consolation)란 우리에게 "믿음, 희망, 사랑을 키우는 모든 것과 주님 안에서 우리의 영혼을 평온하게 하면서, 우리를 세상의 가치가 아닌 하늘나라의 가치로 부르고 우리를 구원으로 이끄는 모든 내적 기쁨[316]"을 말한다. 즉, 하느님의 현존을 느끼면서 그분 사랑으로 가득하고, 자신이 하느님께 사랑 받고 있음을 느끼면서, 그분의 사랑과 기쁨으로 가득한 시기를 말한다. 이는 "하느님과 그분의 천사들이 우리 영혼에 감동을 일으켜서 진정한 즐거움과 영적 기쁨을 주는 것이다[329]."

처음에는 우리가 마음을 모아 기도를 드릴 때, 우리는 그분의 현존과 사랑을 느끼며 이러한 영적 위로 속에 있곤 한다. 그것은 우리가 무척이나 사랑하는 사람을 만나 함께 시간을 보내고 대화할 때 느끼는 감정과도 같다. 그리고 우리는 일상생활 중에 여러 가지를 통해 종종 그분의 현존과 사랑을 느끼곤 한다. (원인 있는 영적 위로) 또 어떤 때는 아무런 이유 없이 전혀 예상하지 않은 때에 그분의 사랑에 휘 잡히곤 한다. (원인 없는 영적 위로) 물론 여기서 말하는 감정은 우리가 문득 기분이 좋아지거나, 어떤 일로 인해 기쁨 속에 머무는 것과는 다르다. 이것은 하느님 사랑으로 가득한 매우 인격적인 영적 위로를 의미한다.

좋은 책, 음악, 영화 또는 어떤 사람들의 생각이나 사상(思想) 그리고 어떤 사람들과의 만남 등과 같이 일상을 살아가면서 어떠한 것들이 우리에게 영적 위로를 줄 수 있다. 하지만 이처럼 원인이 있는 영적 위로는 선한 천사나 악한 영 모두가 할 수 있는 일이다.[331] 악한 영은 선(善)을 가장하여 처음에는 거룩하고 좋은 생각이 들게 하지만, 시간이 지나면서 차차 제 본 모습을 드러내어 우리를 사악한 의도에 빠져들게 한다.[332] 따라서 우리는 생각과 감정에 유의하여 우리 자신을 신중히 살펴보아야 한다. 만일 처음, 중간 그리고 끝이 모두 좋은 체험이고 모든 일에 선을 지향한다면, 이는 선한 천사의 표지이다. 그러나 결과인 열매가 악이거나, 처음과는 다른 길로 벗어나 있거나, 전에 가졌던 평화와 안정, 침착성을 빼앗아 혼란스럽고 불안하게 되었다면 이는 악한 영에서 왔다는 분명한 표지이다.[333] 요즘처럼 수많은 정보 속에 살아가는 현대인들이 때론 그 릇된 사상에 빠지는 것도 처음에는 그것이 선하고 좋은 모습으로 다가오기 때문이다. 따라서 우 리가 무엇을 선택하고 식별할 때도 이렇듯 우리 자신의 생각과 감정 그리고 결과들을 잘 살펴보 아야 한다. 만일 계속해서 같은 느낌과 같은 가치를 유지하며 좋은 결과를 갖게 된다면, 그것은 옳은 식별과 선택인 것이다. 물론 여기서의 느낌은 쉽게 변하는 외면의 느낌이 아니라 우리 내면 에 흐르고 있는 느낌을 말한다.

그러나 아무런 이유 없이 오는 영적 위로는 오로지 하느님에게서만 오는 것이다. 여기서 "이유 없 이"는 어떤 느낌이나 생각이 미리 주어져서 이것과 관련되어 오는 위로가 아니라는 뜻이다.[330] 즉, 우리는 일상을 살아가면서 때론 아무런 이유 없이, 전혀 기대하지 않은 상황에서 하느님의 현 존과 사랑을 느끼며 커다란 위로 중에 머물 때가 있다. 바로 이러한 위로는 오로지 하느님에게서 우리에게 주시는 영적 위로인 것이다.

따라서 영적 위로는 다음과 같이 비유 할 수 있을 것이다. 우리가 누구를 만나 사랑에 빠지게 되 었다면, 왜 그 사람을 사랑하게 되었는지 살펴보자. 돈이 많아서? 능력이 있어서? 성격이 좋아 서? 잘 생기거나 예뻐서? 성실하고 근면해서? 순수해서? 아니면 느낌이 좋거나, 이유는 될 수 없 지만 그냥 좋기 때문에? 전자는 처음, 중간 그리고 끝을 보면서 참이거나 거짓일 수 있지만, 후 자의 경우는 참으로 그 사람이 좋은 것이다.

하지만 이러한 영적 위로도 그 시기와 뒤따라오는 시기, 즉 영적 위로로 인해 아직 은총 중에 있 는 시기를 잘 살피고 식별하여야 한다. 왜냐하면, 많은 경우 이 때 자신의 고유한 생각과 판단의 습관에 의해 또는 (선한 천사나) 악한 영에 의해, 우리 주 하느님에게서 직접 주어지지 않은 여러 가지 다른 생각과 의도들을 가질 수 있기 때문이다.[336] 따라서 우리는 그 느낌과 열매들을 지 속적으로 관찰하여야 한다. 참된 영적 위안으로 처음에는 거룩한 모습을 취하다가도 때론 우리 의 나약함과 교만으로 인해 선한 천사가 인도하는 길을 벗어나 악한 영의 길을 갈 수도 있기 때 문이다. 여기서 우리가 명심해야 할 것은 악한 영은 우리가 영적 위안 중에 있을 때도 계속해서 우리를 방해한다는 것이다.

많은 성인들은 하느님께서 주시는 영적 위로가 넘쳐흘러 주님께 찬미의 기도를 드리지 않을 수 없었다. 이럴 때 우리는 감히 그분의 넘치는 위로를 감당하지 못하여 아무런 일상의 일을 할 수 가 없을 정도이다. 그러기에 이냐시오 성인도 신학공부를 하면서 자신의 기도시간을 의도적으로 줄이고, 바로 지금 하느님께서 원하시는 공부에 전념하였던 것이다. 우리 중에도 종종 영적 위로 에 넘쳐 성당 감실 앞에서 몇 시간이고 보내는 사람들이 있다. 물론 다른 특별한 일이 없는 사람 이라면 모르지만, 일상의 삶을 살아가면서 일상의 일을 해야만 하는 사람들이 마냥 감실 앞에서 머무를 수는 없다. 마냥 영적 위안 중에 머무를 수는 없는 것이다. 우리는 예수님께서 거룩한 변 모로 영적 위안에 머무셨던 타볼산에서 내려와야 한다. (마태오 17,1 • 9) 우리의 일상으로 되돌 아가야 한다. 예수님은 말씀하신다. "베드로야, 내려가자." 그런 면에서 이냐시오 성인은 하느님의 영적 위로와 일상을 훌륭히 조화한 분이라고 할 수 있다.

2. "영적 실망(고독, 메마름, desolation)"

영적 실망(고독, 메마름, desolation)이란, "영혼이 어둡고 혼란스럽고, 현세적이고 세속적인 것으로 기울며, 여러 가지 심적인 동요와 유혹에서 오는 불안감 등으로 믿음을 잃고 희망도 사랑도 없어지며, 게으르고 냉담하고 슬픔에 빠져 마치 자기 창조주 주님으로부터 떨어져있는 것처럼 생각되는 상태이다.[317]" 즉, 일상생활에서 우리는 시련과 고통 중에 있을 때, 실패와 좌절 중에 있을 때, 그리고 죄 중에 있을 때 이러한 영적 실망을 느끼곤 한다. 이는 홀로 광야에 있는 듯한 외롭고도 고독한 체험이며, 하느님의 사랑으로부터 멀리 떨어져 있는 듯 한 느낌으로, 메마른 샘과 같은 영적 건조함을 의미한다. 따라서 영적 위로가 하느님의 사랑으로 가득한 시기라면, 영적 실망은 그러한 열망은 온데간데없고 인생이 무의미하고, 무료하기까지 하며, 굳은 믿음을 잃어버린 냉담한 시기를 말한다. 때론 이러한 영적 실망이 하느님께 중대한 결심을 드린 후에 찾아오곤 한다. 우리가 선한 결심을 할 때 선한 천사가 우리를 인도했듯이, 악한 영은 "그러한 결심은 너무 어려운 것이다. 사람이 할 수 있는 일이 아니다. 그것은 너무 많은 희생을 요구한다. 네가 결코 행할 수 없는 결심이다."라는 말로 우리를 설득시키려 한다. 따라서 영적 위로 중에 결심한 것들은 당연히 영적 실망 중에 변경해서는 안 되며, 또 새로운 결심을 해서도 안 된다. 그러한 마음은 결코 하느님께로부터 오는 것이 아니기 때문이다.[318]

그렇다면 하느님께서는 악한 영들에게 왜 이러한 영적 실망을 허락하시는 것일까? 이냐시오 성인은 그 이유를 다음과 같이 세 가지로 설명하고 있다.[322]

첫째는, 우리가 영적인 생활에 미온적이거나 게으르거나 소홀하기 때문으로, 바로 우리 자신의 탓으로 영적 위로가 떠나간 경우이다. 우리가 자신을 주님 앞에 온전히 내어 드리기를 주저하거나, 자신이 가지고 있는 여러 집착에서 벗어나지 못할 때, 하느님께서는 영적 실망을 통해 우리 자신의 태만을 일깨워 주신다. 우리는 선한 결심을 했다가도 이내 우리의 나약함으로 그것을 잊어버리고 생활하거나, 다른 세상 욕심으로 내 마음을 가득 채우고 살아가는 경우가 종종 있다. 그럼으로 해서 우리는 영적 위안을 잃어버리고, 영적 메마름과 실망 중에 머물게 된다. 하지만 이것은 하느님께서 우리를 일깨워 주시기 위해 악한 영에게 영적 실망을 허락하신 것이다.

둘째는, 위로와 은총 없이 하느님께 드리는 봉사와 찬미의 길을 우리 스스로 얼마나 나아갈 수 있는지, 우리의 사랑과 성실함을 시험하시는 것이다. 즉, 우리를 담금질하시기 위함이다.

셋째는, 원인이 있건 없건 우리가 갖게 되는 모든 영적 위로가 우리 힘으로 되는 것이 아니며, 모두 우리 주 하느님의 선물이고 은총임을 마음 속 깊이 느끼게 하기 위함이다. 또한 어떤 교만이나 허영심에서 그러한 영적 위로가 우리 자신의 것인 양 생각하며 거기에 우리 마음을 빼앗기는 일이 없게 하려는 것이다. 영적 위로는 순수한 하느님의 선물이다. 우리는 결코 그러한 영적 위로를 스스로 만들 수 없다. 만일 우리가 어떤 행위나 무엇을 해서 내적 평화를 얻었다면, 그것은 하느님께서 주신 것이 아니라 내가 만들어낸 작품일 뿐이다.

우리는 피정이나 기도 중에 또는 일상생활 중에서 하느님 체험으로 가슴 뜨거워지는 순간이 있지만, 후에 똑같은 체험을 하면서도 별다른 감응을 느끼지 못할 때가 종종 있다. 이 때 우리는 전에 체험한 시간들이 순수한 하느님의 은총임을 알 수가 있다. 따라서 우리가 위로 중에 있을 때는 그러한 은총이나 위로가 없는 실망 중에 있을 때 자신이 얼마나 보잘 것 없는지를 생각하며 되도록 자신을 겸손하게 낮추도록 노력해야 할 것이다.[324]

이냐시오 성인이 언급한 위 세 가지 이유에 더하여, 넷째, 우리는 영적 실망 중에 사랑과 기쁨을 배우게 된다. 우리가 영적 위안 중에 있을 때는 우리는 가만히 있고 하느님께서 우리에게 사랑을 부어 주시는 것이다. 그러나 우리가 영적 실망 중에 있을 때는 이제 우리가 그분께 사랑을 드리는 것으로, 우리의 굳은 믿음을 주님께 보여드리는 것이다. 따라서 영적 실망 중에는 내가 하느님을 위해 일하는 시간인 것이다.

그렇다면 우리는 영적 실망 중에 있을 때, 어떻게 하여야 하는가? 무엇보다 영적 실망 중에 있을 때에도 우리는 악한 영에 대항하기에 충분한 은총을 하느님으로부터 받고 있으며 또 그분의 도우심으로 많은 것을 할 수 있음을 잊지 말아야 한다.[324] 왜냐하면 주님은 우리에게 큰 열정과 넘치는 사랑과 열렬한 은총은 거두었지만 영원한 구원을 위해 필요한 은총을 충분히 남겨두셨기 때문이다.[320] 또한 이러한 영적 실망은 결코 영원히 지속되는 것이 아니며, 우리가 영적 실망에 반대되는 노력들을 계속 할 때 머지않아 위로를 받을 것임을 잊어서는 안 된다.[321]

이냐시오 성인은 영적 실망에 거슬러 강하게 반응하는 것은 크게 도움이 되므로, 의도적으로 기도생활에 더욱 시간을 할애하고 더 많은 영성생활을 하도록 강조한다.[319] 악한 영은 우리가 유혹에 저항하여 정반대의 행동과 단호한 태도를 취하면 기력을 잃고 돌아가지만, 반대로 우리가 겁을 먹고 유혹에 기가 꺾이면 더욱 기세를 내어 우리에게 달려들기 때문이다.[325] 악한 영은 우리가 영적 실망에서 헤어나지 못하고 끝내 좌절하고 포기하는 것을 가장 원하고 있다. 따라서 우리는 아무리 큰 죄나 좌절, 메마름 중에 있어도 그분의 자비심을 믿고 용기 내어 일어나 주님께 나아가야 한다. 실망과 좌절은 결국 우리를 더욱 헤어나지 못하게 할 뿐이다.

우리는 일상을 살아가면서 때론 광야의 고독과 시련으로 초대되어 지곤 한다. 그곳은 우리가 아무리 울부짖어도 하느님께서 침묵하시는 순간이다. 그 침묵은 예수께서도 세례를 받으신 후 성령에 의해 인도되신 광야에서, 그리고 겟세마니 동산과 십자가 위에서 경험하신 침묵이다. 성모님 역시 가브리엘 천사가 떠난 후에, 혼자 남아 자신의 다가올 현실을 깨닫고는 마치 광야에 홀로 있는 듯 한 두려움을 느끼셨을 것이다. 여기에 중요한 포인트가 있다. 성모님께서 가브리엘 천사를 만나 "예"라고 말씀하셨던 순간은 바로 영적 위로의 시간이었다. 그런 후 가브리엘 천사는 성모님 곁을 "떠나갔다."(루카 1,38) 성모님은 아기를 가진 후에 계속해서 아버지의 원망과 주변 사람들의 따가운 시선으로 마음이 편하지 않으셨을 것이다. 요셉도 파혼하려 하고, "과연 이 아이를 어떻게 혼자 키워야 하는가!" 고민하셨을 것이다. 막상 "예"라고 답은 했지만 현실은 쉽지가 않았다. 성모님께는 위로가 필요했고, 그나마 비슷한 처지에 있는 엘리사벳을 방문하셨다. 그리고 엘리사벳을 만나는 순간, 성모님께서는 비로소 자신의 소명을 마음으로 받아들이시게 된다. 바로 영적 실망(고독, 메마름, desolation) 중에 자신의 소명을 "예"라고 확인하신 것이다. 예수님께서도 세례를 받으실 때 하늘이 열리며, "이는 내가 사랑하는 아들, 내 마음에 드는 아들이다."(마태오 3:17)라는 말씀을 들으시며, 큰 영적 위로를 받으신다. 그리고는 바로 광야에 인도되어 영적 실망(고독, 메마름, desolation)의 시간을 보내시면서, 세상에서의 자신의 소명을 참으로 받아들이시게 된다. 그리고 결정적으로 겟세마니 언덕에서, 십자가 위에서, 이처럼 예수께서 자신의 소명을 받아들이시고 이루신 때는 영적 실망(고독, 메마름, desolation) 중이었다. 따라서 우리 역시 우리의 소명을 참으로 받아들이는 때는 영적 위안 중이 아니라 영적 실망(고독, 메마름, desolation) 중이다. 그러기에 영적 실망(고독, 메마름, desolation)이 우리 일상에서 소중한 것이다. 영적 위안 중에 하느님께서 우리에게 사랑을 주시고, 우리는 영적 실망(고독, 메마름, desolation) 중에 하느님께 응답 드리며 우리의 소명(그분의 사랑)을 완수하는 것이다. 영적 실망(고독, 메마름, desolation)은 성모님과 예수님께서도 경험하셨던 우리 인생의 일상적인 것이다.

이냐시오 성인도 주님의 환시를 본 후에도 종교재판, 병고, 투옥 등 고난과 시련의 시간을 보내야만 했었다. 하지만 그분들은 그 어떤 상황에서도 하느님께 대한 신뢰와 사랑을 잃지 않으셨다. 따라서 일상 중에 경험하게 되는 영적 실망과 고독 그리고 메마름 중에 참으로 우리에게 필요한 것은 바로 "아브라함과 같은 굳센 믿음"이다. 우리가 그러한 믿음을 지속적으로 간직할 때, 실망은 머지않아 위로와 기쁨으로 바뀜을 체험할 수 있을 것이다.

이에 대한 구체적인 예를 든다면, 우리는 "사랑을 실천하는 어떤 의미 있는 행동"을 타인에게 함으로써 위로의 체험을 할 수 있으며, '거룩함'에 대한 생각이나, 하느님께 자신을 온전히 봉헌하는 기도를 드리면서 우리는 영적 위로를 얻을 수 있다. 그리고 무엇보다도 하느님께 그리고 다른 사람들에게 "자신을 한없이 낮추는 겸손(비움)"을 통해 우리는 위로를 체험할 수 있다. 바로 이러한 것들이 영적 실망을 거슬러 강하게 자신을 반응시키는 노력인 것이다. 겸손은 우리 그리스도인들의 가장 근본이 되는 덕목이다. 세상은 상대방을 낮추고 자신을 높이려 하지만, 우리는 자신을 낮추며 기쁨을 얻는 사람들이다. 우리가 우리 자신을 낮추면 하느님께서 우리를 높여주시기 때문이다. 겸손은 하늘나라의 열쇠이다. 가나안 여인이 "강아지들도 주인의 상에서 떨어지는 부스러기는 먹습니다.(마태오 15,21 • 28)"라고 말씀드릴 때 예수님께서 당신의 계획을 바꾸셨듯이, 겸손은 창조주이신 예수님의 마음을 움직이는 힘이 있다. 물론 겸손은 우리가 일상을 살아가면서 참으로 어려운 덕목 중에 하나이지만, 창조주께서 인간이 되시어 우리의 발을 씻어 주시고, 매 맞으시고 얼굴에 침 뱉음을 당하셨다. 그리고 십자가 위에서 볼품없는 죄인의 모습으로 돌아가셨다. 창조주께서 스스로를 이렇게 낮추셨는데, 비천한 우리들이 못할 것이 무엇이겠는가! 하지만 인간의 본성은 교만으로 흐르는 경향이 있기에, 하느님께서는 때론 우리 자신이 낮고 보잘 것 없는 존재임을 깨닫는 상황을 만드시곤 한다. 바로 우리를 '겸손'으로 초대하시는 것이다.

우리가 늘 영적 위로 중에 머물고 있으면 좋겠지만, 우리 자신의 나약함으로 그리고 세상이 우리를 내버려 두지 않는다. 하지만 이러한 것들은 하느님께서 앞서 언급한 이유들로 인해 우리를 영적 실망 중에 있게 하신 것이다. 그리고 무엇보다도 우리가 하느님의 뜻을 완성하는 때는 consolation이 아니라 desolation이다. Consolation 중에 있었던 하느님의 사랑을 우리는 바로 desolation 중에 완성하는 것이다. 따라서 우리는 desolation을 소중하게 생각한다. Desolation은 하느님의 침묵이 흐르는 곳이다.

하지만, 지금 우리가 영적 실망에 머물러 있기에 영적 위로가 없어진 듯 보여도, 우리에게 있었던 영적 위로를 추억하며 그 기억으로 살아간다. 사랑하는 사람이 멀리 떠나 비록 지금은 함께 하지 않기에 전과 같이 그 사람과 사랑을 나눌 수는 없지만, 내게는 사랑하는 사람이 있고 그는 멀리서나마 여전히 나를 사랑하고 있음을 안다. 그리고 언제가 다시 만나 함께하며 사랑을 나눌 수 있음도 알고 있다. 따라서 내게 있었던 영적 위로의 기억은 내게 용기를 주고, 하느님과의 관계를 추억하며, 그분의 사랑을 확인한다. 그리고 언제이고 함께할 그 시간을 우리는 희망을 가지고 기다린다. 영적 고독이 깊을수록 찾아 올 영적 위로의 깊이도 그만큼 하나 가득한 은총임을 우리는 알고 있기 때문이다.

앞서 언급한대로 영적 위로가 하느님께서 내게 당신의 사랑을 보여주신 것이라면, 영적 실망 중에는 내가 가지고 있는 사랑을 그분께 보여드리는 것이다. 영적 위로 중에는 우리는 기름진 땅에서 샘물을 찾았다면, 영적 실망 중에는 메마른 땅에서 샘물을 찾는 것이다. 사실 은총이 충만한 가운데는 누구든 쉽게 샘물을 찾을 수 있다. 하지만 영적 실망 중에는 쉽게 찾을 수 없다. 그러기에 그 샘물은 더욱 소중하고 가치가 있는 것이다. 우리가 참으로 하느님께 내 사랑을 보여 드리는 것은 바로 영적 실망 중이다.

Consolation 중에는 내가 영광을 받고, Desolation 중에는 하느님께서 영광을 받으시는 것이다. 따라서 우리는 타볼산 위에서 마냥 머물 것이 아니라, 산을 내려와야 한다.(마태오 17,1 · 9) 내려와 우리의 일상으로 되돌아가야 한다.

우리의 일상생활은 영적 위로와 실망(메마름)의 반복이다. 이냐시오 성인은 이러한 영의 활동을 영신수련 피정 중에 우리가 식별해야 할 것으로 소개하였지만, 우리는 세상을 살아가면서도 계속해서 이러한 영의 활동을 식별해야만 한다. 악한 영이나 선한 천사는 피정은 물론 우리 일상 중에도 계속 활동하고 있기 때문이다. 따라서 우리는 이러한 영의 활동이 자연스러운 것임을 받아들여야 한다. 그리하여 영적 실망과 메마름 중에 있을 때, 의기소침하거나 두려워하기보다는 그 상황을 거부하지 말고, 인생의 한 부분으로, 그저 있는 그대로 받아들이며, 하느님께 대한 굳은 신뢰와 사랑을 잃지 않는 것이 필요하다. Desolation은 우리가 하느님께 "예"라고 응답하는 시기이며, 그분을 참으로 만나는 시간이다

*마누엘 루이스 후라도, 영적식별, 박일 역 참조

2nd Step

에니어그램을 통한 발견

2nd Step 「에니어그램을 통한 발견」은 2006년도 St. Anselm에서 M,John교수 강의록을 번역 발췌한 것입니다.

에니어그램을 통한 발견

Introduction

당신에겐 다양한 유형의 사람들에 대한 자세한 설명이 주어질 것이나, 여기에서 우리가 목표로 하는 것은 당신이 에니어그램이라는 도구를 바탕으로 당신에 대한 그리고 타인에 대한 어떠한 진실을 찾아나가기를 바랄 뿐이다. 이러한 이유로 에니어그램을 통해 당신에게 묘사되는 내용들을 당신이 바라보며, 이를 통하여 당신의 솔직한 모습을 성찰하고 그 동안 몰랐거나 소홀이 했던 당신의 모습들을 찾아나가는 작업이 되기를 바란다. 어쩌면 에니어그램은 내면의 세계를 비추어 주는 거울과도 같은 역할을 할 수 있을 것이다.

가장 첫 번째로 당신을 맞이해주는 것은 아마 충격일 것이다: 거울들은 진실만을 말한다, 그리고 이따금 그들이 우리에게 말해주는 것을 차라리 몰랐다면 하는 경우가 있다. 이러한 이유로 우리는 에니어그램이 불편한 진실을 알게 해주는 시작 단계의 도구라고 말 할 수 있을 것이다. 그리고 여기서 우리는 왜 '불편한 우리들의 진실'에 대하여 이야기해야 하는지, 또 이러한 작업이 무엇을 의미하는지, 왜 이것을 알아내고 인정하는 일이 중요한 일인지 생각해볼 필요가 있다.

- 이것들은 뼈 속 깊이 아픈 진실들이며 그것들은 우리가 인지하고 반응할 때 마다 우리를 움츠러들게 한다.
- 그것들은 명백한 사실들이다: 그것들은 우리의 피부처럼 삶의 대부분을 우리와 함께 한 부분으로 보내왔다.
- 그리고 명백한 사실을 인식하고 인정하는 것은 자신의 집에 오는 것과 같은 행동이며 그것들로부터 더 이상 숨을 필요가 없고 숨길 필요도 없어지게 된다.
- 하지만 그것들은 보통 우리와 너무 가까이 있기 때문에 보통 시각으로는 볼 수 없다, 그래서 우리는 그들을 거울의 도움을 받고서야 볼 수 있는 것이다 (예. 뒤통수를 보려고 할 때)

다른 말로 하면 그들은 보통 우리의 어두운 면으로부터 나오는 사실들이다.

우리가 익혀야 할 기술들

에니어그램을 사용하고—그것의 거울에서 보이는 이미지들로부터 배움을 얻고 이미지에서 보이는 사실들로부터 지혜를 얻기 위해서—우리는 두 가지 기본 기술을 익혀야 한다.

01

첫 번째로는 자신을 관찰하는 습관, 즉 내 자신에 대해 알아가는 것과 자신이 다양한 상황에서 어떻게 반응하는지, 또한 관찰을 할 때 객관적으로 관찰할 수 있는 능력을 키워나가야 한다.

02

다른 하나는 나의 행동 (내가 어떻게 나 자신을 관리하고 다른 이들이 나를 어떻게 보는지) 과 나의 깊은 자아 (즉 정작 내 안에서는 어떤 일이 일어나고 있는지, 이것은 내가 겉으로 내비치는 내 모습이나 언행과 다를 수 있다) 를 구별하는 능력이다.

01
자기 관찰법

자기 관찰법은 자기 기억법이라고도 할 수 있고, 자신에게로 돌아오는 것을 의미한다. 여기서 필요한 것은 내 자신과 친해져야 한다는 점이다. 초점은 항상 내가 존재하고, 또한 이 모든 것이 나의 경험의 일부분임을 인식하고 그것이 좋은지 나쁜지 옳은지 그른지 사소한지 중요한지 그리고 그것을 설명하거나 정당화하려는 어떠한 시도도 없이 인정하는 것에 맞춰져야 할 것이다.

- ▶ 이것은 결코 쉬운 일이 아니다: 너무나도 자주 간단한 관찰에도 의견이 개입되기 때문에 그런 일이 일어날 때조차 일어나고 있는지 알아차리기란 그것을 없애는 것만큼이나 힘든 일이다.
- ▶ 의견을 배재하는 일이란 기술의 문제라기 보단 의지의 문제이다: 우리는 무조건 우리 자신을 통제해야 하고 (예. "내가 이러면 안 돼") 배재해버려야 하는 것이다.

02
"행동 전의" 내면 경험을 인식하고 인정하기

02_1
우리의 행동에 대해 알아차리는 것만 해도 꽤 높은 수준의 발전이다: 특정 상황에 맞게 발달된 패턴들, 습관들
[예를 들면 직장에서의 우리의 모습과 가족이나 친구들과 있을 때의 우리의 모습을 비교해보자]

02_2
우리는 이 점에서부터 출발하지만 에니어그램은 우리가 더 먼 곳까지 인도하여 우리의 행동 뒤에 숨어있는 부분까지 알 수 있게 해주며, 우리가 반응하거나 말하거나 무슨 일을 하기 전에 안에서 어떤 일이 벌어지고 있는지 신경을 쓰게 해준다.

02_3
첫 번째로 알아야 할 사항은 내가 안에서 느끼는 감정과 내가 겉으로 남에게 보여주고 내 행동을 통해 나타내는 바가 다른 경우가 많다는 사실을 인식하는 것이다.

▶ 일상에서도 이러한 예를 물론 찾아볼 수 있다 찾으려만 든다면: 누군가 계속 얘기를 하고 있고 나는 더욱 더 지루해져가고 초조해져 간다. 하지만 나는 최선을 다해 그 감정을 숨긴다. 그리고 경청을 하는듯한 인상을 주거나 상대방에게 내가 의도했다는 표시가 안 나게 탈출할 방법을 강구한다.
▶ 이런 상황들이 내가 내 안에서 일어나는 갈등을 인식하고 내가 어떻게 행동해야 할 지, 무엇을 '뱉어내도 되는지', 나의 감정을 얼마나 내비쳐도 되는지 생각하게 해주는 상황들이다.
▶ 이러한 자각은 내가 말하려는 배움의 시작이다 왜냐하면 이로 인해 보통 완벽하게 무의식적으로 일어나는 과정의 일부분이라도 볼 수 있게 되기 때문이다. 만약 내가 내 감정에 대해 조금 더 신경을 쓴다면 나는 감성 에너지의 움직임을 인식할 수 있게 될 것이고 가끔은 어떤 강한 감정—분노, 두려움 혹은 초조함—이 솟아오르는 과정과 내 자신이 그것을 조절하기 위해 고전하거나 아예 휩쓸려버리는 것을 발견할 수 있을 것이다.
▶ 이것은 중요한 가르침이지만 시작에 불과하다, 빙산의 일각에 불과하다.

우리가 어떠한 갈등도 인식하지 못할 때 이러한 내면과 외면의 분열은 더 자주 일어나는데 왜냐하면 우리는 이런 스트레스가 쌓이는 상황을 다루는 방법에 대해 오랫동안 배워온 것이 있고 그 배워온 방법들이 자동적으로 상황에 맞게 발동되기 때문이다 (성격패턴의 형성). 우리의 임무는 이러한 상황들을 인식하고 확인하는 일이다: 즉, 우리가 어떻게 영향을 받는지, 어떻게 반응을 하는지, 위협을 하거나 조금이라도 당황하게 하는 상황에는 무엇이 있는지, 나의 내면의 대응방법들 (인격이라 불리는 우리들의 가면)의 패턴을 인식하는 일이다.

에니어그램에 대한 지식은 서로 다른 성격들의 특징을 이루는 다양한 패턴들, 전술들 그리고 감성적인 습관들을 비추어주기 때문에 많은 도움이 될 수 있다: 그리고 우리가 이러한 특징들에 대한 설명을 들은 뒤라면 우리들의 그러한 특징들을 더 알아볼 수 있게 될 것이다.

3. 기도

이러한 갈등을 야기할 수 있는 전형적인 상황들을 생각해보고 어린 시절부터 학창 시절을 거쳐 청년기, 성인기인 지금까지 당신이 겪어왔던 상황 중에 이러한 경험들이 있었는지 기억해보자.

- 외면당하거나, 고립되거나, 거부당하거나, 버려진 적
- 혼나거나, 벌 받거나, 지적당하거나, 비판당했던 적
- 위협당하거나, 두려웠거나, 경고를 받았거나, 항의 받았던 적
- 공격적이고, 권위적이고, 거만한 사람과 직면했던 적
- 도발을 당하거나, 다른 사람의 분노의 대상이 되었던 적

그러한 상황들로부터 어떤 것들을 배울 수 있고 또 실제로 어떠한 것들을 배웠는지 보자.

1. 어떻게 영향을 받았습니까? [당신의 내적 경험]
2. 실제로 당신은 어떠한 반응을 보였나요? [당신의 행동]
3. 당신이 애써서 조절하거나 숨기기까지 했던 것은 무엇이었습니까?
   [당신의 "노골적인 감정적 에너지"]

제 1 강

리소 · 허드슨 QUEST
빠른 에니어그램 유형 찾기 테스트

이 테스트에서 정확한 결과를 얻으려면 다음의 몇 가지 사항을 따라야 한다.

▶ 다음에 나오는 두 그룹의 진술에서 평소 당신의 태도와 행동을 가장 잘 반영한다고 여겨지는 진술을 하나씩 골라라.

▶ 당신이 선택한 진술 안에 있는 모든 말과 문장에 완전히 동의해야 하는 것은 아니다. 그 진술의 80%나 90% 정도를 동의하면 한 그룹에서 한 개를 골라라. 그러나 당신이 선택한 진술의 전반적인 경향과 '철학'은 동의해야 한다. 내용 중에 일부분은 동의할 수 없는 경우도 있다. 한 마디의 말이나 구절때문에 그 진술을 선택하는 것을 거부하지 말라. 그 진술의 전체적인 내용에 유의하라.

▶ 당신의 선택을 지나치게 많이 분석하지 말라. 100% 동의할 수 없어도 당신의 직관이 옳다고 판단 내리는 것을 선택해라. 부분적인 요소보다는 그 진술의 전체적인 주제와 느낌이 더 중요하다. 직관을 따라라.

▶ 한 그룹에서 당신에게 가장 잘 맞는 진술이 무엇인지 결정할 수 없다면 두 개를 선택할 수도 있다. 그러나 반드시 한 그룹에서만 두 개를 선택해야 한다. 예를 들어 그룹 Ⅰ에서 C, 그룹 Ⅱ에서 X와 Y를 선택하는 식이다.

▶ 당신이 선택한 문자를 빈 칸에 써 넣어라.

Group 1

a

나는 독립적인 편이고 자기 주장을 잘 한다. 나는 상황에 정면으로 맞설 때 삶이 잘 풀린다고 느낀다. 나는 목표를 설정하고 그 일을 추진해 나간다. 그리고 그것이 성취되기를 원한다. 나는 가만히 앉아 있는 것을 좋아하지 않는다. 나는 큰 일을 성취하고 영향력을 행사하기를 원한다. 나는 정면 대결을 원하지는 않지만 사람들이 나를 통제하는 것도 좋아하지 않는다. 대개의 경우 나는 내가 원하는 것을 잘 알고 있다. 나는 일도 노는 것도 열심히 한다.

b

나는 조용하게 혼자 있는 것을 좋아한다. 나는 사회적인 활동에 주의를 쏟지 않으며 대체로 내 의견을 강하게 주장하지 않는다. 나는 앞에 나서거나 다른 사람과 경쟁하는 것을 그리 좋아하지 않는다. 사람들은 나를 몽상가라고 말한다. 내 상상의 세계 안에서는 많은 흥미로운 일들이 벌어진다. 나는 적극적이고 활동적이라기보다는 조용한 성격이다.

c

나는 아주 책임감이 강하고 헌신적이다. 나는 내 의무를 다하지 못할 때 아주 기분이 나쁘다. 나는 사람들이 필요할 때 그들을 위해 내가 그 자리에 있다는 것을 알아 주었으면 좋겠다. 나는 그들을 위해 최선을 다할 것이다. 이따금씩 나는 사람들이 나를 알아 주든 알아 주지 않든 그들을 위해 큰 희생을 한다. 나는 내 자신을 제대로 돌보지 않는다. 나는 해야 할 일을 한 다음에 시간이 나면 휴식을 취하거나 내가 원하는 일을 한다.

Group 2

x

나는 대개 긍정적인 자세로 생활하며, 모든 일이 나에게 유리한 쪽으로 풀린다고 느낀다. 나는 나의 열정을 쏟을 수 있는 여러 가지 방법들을 찾는다. 나는 사람들과 함께 하고 사람들이 행복해지도록 돕는 것을 좋아한다. 나는 나와 마찬가지로 다른 사람들도 잘 지내기를 바란다(항상 기분이 좋은 것은 아니다. 그러나 나는 다른 사람에게 그렇게 보이기를 원한다.).나는 다른 사람들에게 항상 긍정적으로 보이고자 노력하기 때문에 때로는 내 자신의 문제를 다루는 것을 미루기도 한다.

y

나는 어떤 것에 대해 강한 감정을 갖는다. 대부분의 사람들은 내가 모든 것에 대해 불만을 갖고 있다고 생각한다. 나는 사람들 앞에서 내 감정을 억제하지만 남들이 생각하는 것보다 더 민감하다. 나는 사람들과 함께 있을 때 그들이 어떤 사람인지, 무엇을 기대할 수 있는지를 알기 원한다. 어떤 일에 내가 화가 났을 때 나는 사람들이 그것에 대해 반응하고 나만큼 그 일을 해결하려고 노력해 주기를 원한다. 나는 규칙을 알고 있다. 하지만 사람들이 내게 무엇을 하라고 자시하는 것을 좋아하지 않는다. 나는 내 스스로 결정하기를 원한다.

z

나는 스스로를 잘 통제하고 논리적이다. 나는 느낌을 다루는 것을 편안해하지 않는다. 나는 효율적이고 완벽하게 일을 처리하며 혼자 일하는 것을 좋아한다. 문제가 개인적인 갈등이 있을 때 나는 그 상황에 감정이 끼여들지 않도록 한다. 어떤 사람들은 내가 너무 차고 초연하다고 말하지만 나는 감정 때문에 중요한 일을 그르치고 싶지 않다. 나는 사람들이 나를 화나게 할 때 대부분의 경우 반응을 보이지 않는다.

'나'는 지금 어디에? Check Point

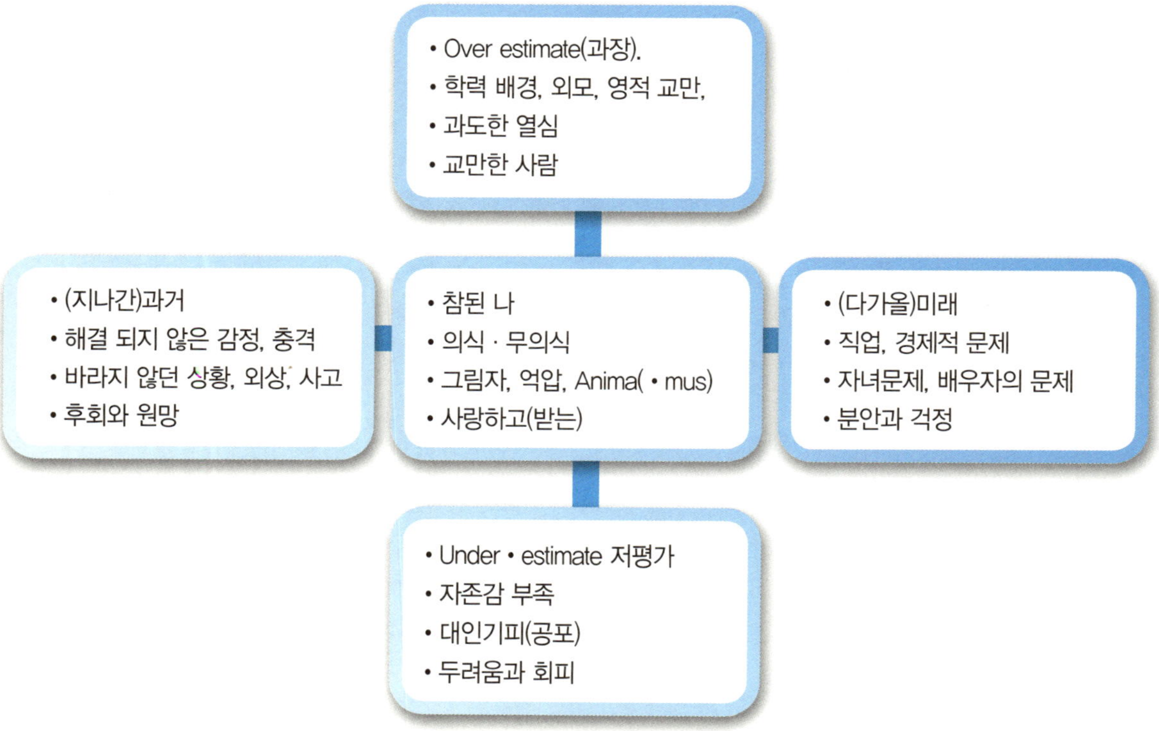

- Over estimate(과장).
- 학력 배경, 외모, 영적 교만,
- 과도한 열심
- 교만한 사람

- (지나간)과거
- 해결 되지 않은 감정, 충격
- 바라지 않던 상황, 외상, 사고
- 후회와 원망

- 참된 나
- 의식 · 무의식
- 그림자, 억압, Anima(· mus)
- 사랑하고(받는)

- (다가올)미래
- 직업, 경제적 문제
- 자녀문제, 배우자의 문제
- 분안과 걱정

- Under · estimate 저평가
- 자존감 부족
- 대인기피(공포)
- 두려움과 회피

자기의 정체성을 찾으려면 자신을 인정할 수 있는 용기와 정직성이 필요하다. 그러기 위해서는 공간(Holy space)에 대한 인식은 필수적이고 중요하다. 당신에게 일상을 떠난 곳은 어디인가? 겸허하고 수용하는 마음 자세로 당신이 세상에 보내진 의미를 찾는 곳으로 어디가 적절한가? 무엇보다 안전한, 초연한 그리고 거룩한 환경과 장소를 중요하게 여겼던 영성지도자들은 우리 존재의 뿌리인 자연과 마주할 때만 신 앞에 가장 본질적인 내 모습을 볼 수 있다고 강조한다. 내 안의 존재에 대한 물음, 신의 현존에 대한 물음, 악에 대한 물음이 생겨날 때 주저 없이 가장 가까운 자연(바다, 호수, 사막, 깊은 산, 계곡, 들판 등)으로 가는 것이다.

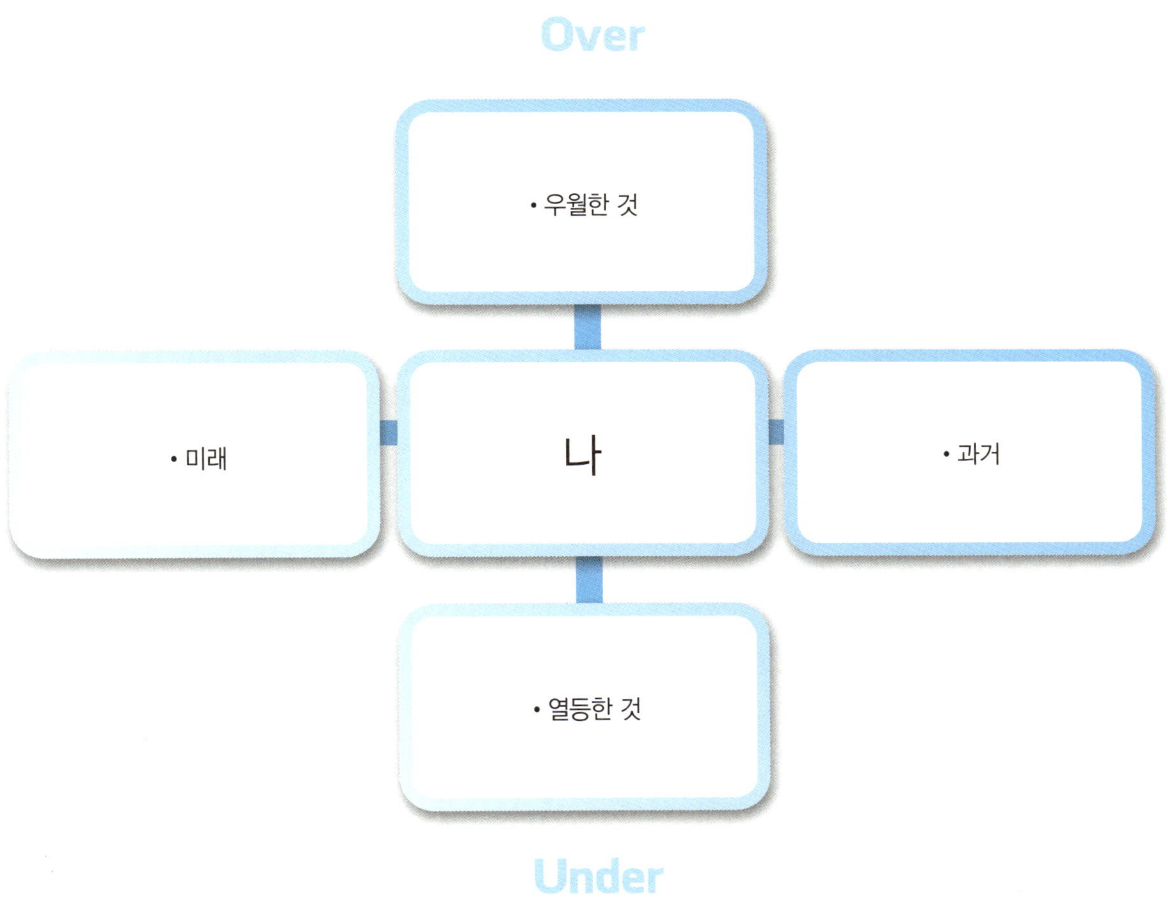

성격유형 성격역동의 2단계로 에너지의 바탕을 두고 기질적 욕구가 가장 강하게 나타나는 핵심적인 자신의 욕구, 타고난 자신의 기질적 욕구를 의미합니다.

완전, 무결 완전을 추구하는

(객관/원칙/분별/직관/민감)

- ● 특징　　정확한 기준과 원칙을 가지고 열심히 일한다. 조그만 실수에도 민감하며, 상황개선을 위해 노력한다. 높은 윤리의식을 가지고 있고 정직하며 비판, 사리분별, 현실직시가 뛰어나다.
- ● 주변평가　정직, 확실, 지나치게 비판적이다.
- ● 적성　　가르치거나 분석, 정확성이 요구되는 분야: 교사/의사/성직자/품질관리/반도체

사랑, 도움 타인에게 도움을 주려는

(친절/이타/따뜻/보살피는)

- ● 특징　　사람과의 정서적인 교류를 잘하고 자기를 희생할 줄 안다. 공감을 잘하고 모성적인 성향이 강하여 타인의 기분을 맞추려고 노력한다. 베푼만큼 그것에 상응하는 감사를 받고싶어한다.
- ● 주변평가　따뜻하다, 기대고 싶다, 지나치게 도움을 주려한다.
- ● 적성　　공감도움, 정서적인 지지가 요구되는 분야: 간호사/사회복지사.상담가/가이드

성공, 유능 성공을 추구하는

(효율/모범/유능/목표)

- ● 특징　　카리스마가 있고 문제를 쉽게 해결하며 훌륭한 동기유발자이다. 열정적이고 유능하며 경쟁에 강한 모습을 보인다. 목표를 가지고 성취하는 것을 좋아하며 효율성을 강조하는 경향이 있다.
- ● 주변평가　유능하다, 자기 관리를 잘한다, 지나치게 기회주의자이다.
- ● 적성　　달성목표와 성고가 구체적으로 드러나는 분야: 배우/홈쇼핑/영업분야/대중강연

독특,특별 독특하고 싶은

(부드러운/자의식/심미/직관)

- ● 특징　　순수, 아르다움, 진실, 평범하지 않은 것을 추구한다. 겉으로 드러난 것보다는 그 속에 숨어있는 의미를 탐색하여 관심분야에 지극히 몰두하는 경향이 있다.
- ● 주변평가　미적감각이 있다, 지나치게 감정적이다.
- ● 적성　　예술적이거나 직관력을 필요로 하는 분야: 배우/디자이너/비평가/심리학자/상담사)

전지, 통찰 지식을 얻고 관찰하는

(통찰력/논리/초연/개관)

- ● **특징** 이성적이고 복잡한 아이디어와 기술을 개발하는데 집중하는 능력이 있다. 호기심이 많고 분석에 능해 독창적인 이론을 세우기도 한다. 타인과 떨어져 있고 싶어하고, 의존도를 낮추기 위해 자신의 욕구를 최소화한다.
- ● **주변평가** 생각이 깊다, 박식하다, 차갑고 인색하다.
- ● **적성** 지속적인 탐구가 가능하고 지적 호기심을 유발할 수 있는 분야: 컴퓨터전문가/작가/애널리스트/학자)

안전, 신뢰 안전을 추구, 충실한

(신뢰/성실/충실/예지)

- ● **특징** 책임감이 있고, 체계적인 일을 하며. 신뢰하는 조직이나 사람에 매우 충실하다. 타인의 숨은 의도와 위험요소를 잘 찾아내며, 매사에 신중을 기한다.
- ● **주변평가** 성실하다, 신뢰롭다, 지나치게 의심한다.
- ● **적성** 명확한 지침이 있고 분명한 결과를 도출할 수 있는 분야: 교사/세무사/공무원/과학자/건축기사

행복, 기쁨 행복과 즐거움을 원하는

(쾌활/낙관/다재다능/열정)

- ● **특징** 새롭고 재미있는 일을 생각하거나 살행하기를 좋아하며 기발한 아이디어를 잘 생각해 낸다. 상황에 대한 적응력이 뛰어나 재치가 넘치고 매우 낙관적이다. 반복적인 일, 슬픔, 고통 등을 싫어하며, 종종 종잡을 수 없고 무책임해 질때도 있다.
- ● **주변평가** 재미있다, 창조적이다, 산만하다, 가볍다.
- ● **적성** 빠른 전환과 순발력이 요구되는 분야: 이벤트플래너/분장전문가/개그맨/광고기획자

힘, 영향력 강하고 자기를 주장하는

(독립적인/자신감이 넘치는/결단력있는/의리있는)

- ● **특징** 대범하고 무뚝뚝하며 힘을 행사하기를 좋아한다. 호전적이고 대결하기를 좋아하고 거리낌없이 말하고 행동한다. 영웅기질과 리더의 성향을 타고 났으며, 용기있고 의지가 강하고, 자기 휘하에 있는 사람을 보호하려 한다.
- ● **주변평가** 강하다, 든든하다, 거칠다, 자기 마음대로 한다.
- ● **적성** 조직체를 통솔하거나 자율적인 권한이 주어지는 분야: 감독/스턴트맨/농장경영자/노조지도자

평화, 조화 조화와 평화를 바라는

(인상적인/선한/평온한/중재하는/만족하는)

- ● **특징** 모든 사람들의 의견을 수용하려 한다. 자신의 이해를 개입시키지 않고 일 할 수 있기 때문에 침착하고 중재와 타협을 잘한다. 타인의 욕구와 관점에 자신을 잘 맞추고 동화되기도 한다. 가슴이 따뜻하나 너무 느긋하고 태만하며 고집이 세다.
- ● **주변평가** 선하다, 듬직하다, 자기 표현이 부족하다, 둔하다.
- ● **적성** 조직 간의 조화나 중재, 수용이 필요한 분야: 사회 복지사/성직자/외교관/행정관료/상담자

*한국가이던스, EPDI, 3쪽 참조

제 **2** 강

우리의 속마음(세가지 힘의 중심)

에니어그램에 따르면 우리는 우리가 각기 다른 상황들과 위기를 넘길 수 있게 해주는 힘과 자원을 얻을 수 있는 세 가지 힘의 중심을 가지고 있다. 그들은 주로 장(본능중심, 베드로/ 요한 18,10 · 11), 가슴(감정중심, 마르타/ 루카 10,38 · 42) 그리고 머리 중심(사고중심 토마/ 요한 20,24 · 29)으로 불린다: 장 에너지는 우리가 생존의 기본적인 요소를 충족시키는 일에 관여하고, 가슴 에너지는 우리가 사회에서 더불어 살아가고 관계를 맺는 일에 관여하고, 머리 에너지는 우리가 어떤 선택을 해야 할 때, 여러 가지 생각을 해야 할 때, 상황을 이해하고 계획을 만들어야 할 때, 어떠한 행동을 취해야 할 때 그것을 가능케 해준다.

세 가지 모두 필요하지만, 우리는 그 중 하나의 중심을 다른 것들보다 선호하고 그 중심으로 끌리는 경향이 있다. 상황에 맞는지 여부에 상관없이 말이다. 예를 들면, 장 에너지는 빠르고 본능적인 반응을 선호하는 성질 때문에 머리의 느리고 더 생각을 많이 하는 방법에 대해 불만을 표시할 것이다: 만약에 위험한 상황이라면 상관이 없고 이런 상황에서는 머리 에너지 보다는 장 에너지가 더 효율적으로 상황을 처리할 수 있을 것이다. 하지만 만약에 신중한 생각을 고려 해본 뒤에 결정을 내려야 하는 순간인데도 불구하고 장 에너지가 자신의 주장만을 고집한다면 상황은 달라질 것이다. 이러한 예를 보면 우리가 얼마나 살아가면서 겪는 상황들에 에너지들을 효율적으로 사용한다는 것이 어려운지 잘 알 수 있다.

우리가 필요로 하는 것은 상황이 요구하는 바에 맞게 세 가지 힘의 중심을 사용할 수 있게 해주는 중심들 사이의 균형이다. 만약에 한 가지 중심이 주도적인 역할을 하고 다른 두 개의 중심들이 무시된다면 우리는 일방적인 사람이 되어서 다른 두 개의 중심이 왜 좋은지 모르게 될 것이다.

우리는 에니어그램에 대한 처리를 각각의 세 가지 중심들에 대해 당신에게 설명해주며 당신이 어느 한 중심을 선호하고 있지는 않는지 보면서 시작하려고 한다. 세 가지 경우 모두에서 당신의 모습을 발견할 수도 있겠지만, 가장 높은 확률은 당신이 세 가지 중 두 가지에 해당되는 경우일 것이다. 우리가 이 단계에서 요구하는 바는 당신 자신이 어느 에너지를 더 강하게 느끼고 더 습관적으로 느끼는지, 즉 어느 에너지가 더 '집'처럼 느껴지는지 스스로 알아보는 것이다. 우리의 성격 패턴은 우리에게 익숙한 조건적인 부분에 지나지 않으며, 우리는 그보다 훨씬 더 많은 잠재력을 가지고 있다. 우리는 성격 이상의 존재들이다. 문제는 집착이다. 내면의 틀 안에 갇혀 다양한 에너지를 굴절시킨다는 뜻의 집착, 이러한 집착으로부터 벗어나 내면의 기운들이 자유롭게 활동할 수 있도록 열어 놓는다면 우리들의 많은 일들은 더욱 성공적이고, 많은 열매와 결실을 얻을 수 있을 것이다. 이상화된 자아 이미지는 필연적으로 집착을 일으키며 집착은 다시 우리가 자신의 성격에 자동적으로 따라오는 생각과 행동을 필연적으로 추구하도록 몰아간다. 예를 들어 완벽의 추구(이상에 도달하려는 시도)는 원한으로 이어진다.

인간의 행동양식은 인간이 가지고 있는 욕구에 따라 현실에 적응하기 위한 방식으로 표출되어지는데, 자신의 욕구를 직접적이고 당당하게 타인에게 요구하는 공격형, 자신이 원하는 것을 정확히 알고 있지만 그것을 세상에 요구하고 드러내지 못하는 자신감이 부족한 후퇴형, 또 자신의 바람, 욕구를 잘 알지만 주위 상황에 따라 자신의 욕구를 조절하는 의존형의 태도를 구별해 볼 수 있다.

1. 장 중심

비교적 투박한 "장 중심"이라는 이름은 우리에게 주어진 힘들 중 가장 기본적이고 오래된 에너지를 의미하며 이 에너지는 뇌의 가장 원시적인 부분 ('파충류 뇌')에서부터 흘러나오며 사회적 걱정이나 지적인 걱정과는 동 떨어져 있다. 이것은 본능적이고 중요한 에너지이며 생명의 역사만큼이나 오래되었고 우리가 나머지 동물 세계와 공유하는 에너지이다. 다른 동물들에 비해 이 에너지에 대한 우리의 경험은 많이 조절되어 있고 거의 없다시피 하지만 우리의 모든 경험의 뿌리를 이루어주고 있으며 우리가 우리의 위기를 자초하며 잊어버리거나 무시하는 우리의 원동력이다.

"장"은 힘, 완력, 무모함, 용기, 활기, 인내력, 건방짐 등을 함축하고 있다. 아홉 가지의 에니어그램 원들 중 세 가지의 특징을 찾을 수 있으며 [8번 (도전, 혹은 보호주의자), 9번 (평화주의자), 1번 (완벽주의자) 유형] 그들이 주도적인 힘이다. 즉 가장 준비가 잘 되어 있고 가장 쉽게—습관적으로, 거의 기계적으로—사용되는 에너지인 것이다. 이 중심에 있는 세 가지 유형들은 모두 그들의 힘이 각자의 방법으로 상황에 사용되는 것을 느낄 것이며 아마 각기 다른 관계를 맺고 있을 것이다.

장 중심에 대한 선호는 좋은 신체적 능력이 필요할 때—가장 유용할 때는 스포츠나 운동을 할 때—가장 많이 일어난다. 장형들은 남들이 뭐라고 하던 간에 독립적으로 행동할 수 있는 능력이 있다; 그들은 상황을 단호하게 처리할 수 있으며, 갑작스러운 위협에도 부드럽고 확실한 반응을 보일 수 있으며 또한 "흐름에 맡기는" 행동을 할 수 있다. 그들은 보통 역사, 뿌리, 그룹행동 그리고 그것의 보존에 많은 관심을 보인다. 내면세계와 외면 세계의 비율이 거의 비슷하다. 이것은 그들의 장점이기도 단점이기도 하다. 분노가 이 유형의 주요감정이다. 내면에서 쉴 새 없이 비판을 해 오기 때문에, 기도 방법은 말로도 행동으로도 생각으로도 아닌, 그냥 조용히 앉아서, 단순하게, 평화롭게 있는 것만으로도 큰 훈련을 할 수 있다. 자연의 소리, 안과 밖의 열린 공간, 계절의 오고감, 아침과 저녁을 바라봄, 땀 흘려 밭을 일굼 등의 행위를 통해서 에너지를 순화시키며 그 자체가 기도 행위가 된다. 거룩한 독서(Lectio Divina)를 통해 생명과 평화를 느낄 수 있다. 숲의 나무 사이사이에서 흘러나오는 빛을 쳐다보며 그 빛과 함께하는 가운데 자신의 통제적인 힘의 중심을 정화시킨다. 침묵, 자연, 계절의 변화 등을 알아차리는 영성수련을 통해 내면 공간을 확장되고, 에고는 느슨해지고 평화로워진다.

그룹 활동에서 편한 그들은 특히 어떤 행동을 취해야 할 때 단호한 태도를 보여준다 (특히 8번 유형: "내가 여기에 있어: 나를 이용해"). 그들은 어디에 권력이 있는지 알며 (꼭 지명된 리더한테 있는 것이 아니다), 그룹이 어디로 나아가는지 느끼고 거리낌 없이 입장을 밝힐 수 있다. 그들은 특히 위기 상황 시에 효과적인 리더쉽을 발휘하는데 이는 그들의 자신을 보존하려는 장 본능이 그들을 안전으로 이끌기 때문이다: 하지만 다른 이들은 그들을 따라가거나 스스로를 보호하는 수밖에 없다.

그들은 그들의 생존과 안녕에 영향을 미치거나 미칠 수 있는 것들에 대해서 본능적인 경계심을 보인다. 그들 스스로는 느끼지 못할 수 있지만 그들은 본능적으로 모든 상황에서 무엇을 지켜야 하는지를 보고 그들에게 중요하거나 이익을 줄 수 있는 것을 추진하려고 한다: 주택과 은신처, 먹을 것과 입을 것, 오락과 건강, 건강과 행복, 가족과 그룹, 그리고 역사와 유산 이 중심의 가장 흔한 특징들은 다음과 같은 문장에서 볼 수 있다.

"나는 이번 일에 대한 어떤 예감이 들어…내 감에 의하면 이렇게 행동해야해 아니면 이것에 대해 조심해야해" 이런 유형의 사람들은 "육감"같은 느낌들에 대해 잘 알 것이고 그들 자신이 얼마나 빠르게 "본능적으로" 좋고 싫음을 판단하는지 알 것이다. 그들은 그들이 어떠한 일에 대해서 생각할 시간이 주어지기 전에 어떠한 위치에 이미 있다고 혹은 있어야 한다고 강하게 느낀다. "설명은 할 수 없지만 그냥 알겠어: 내가 이것을 믿는지 내가 이것을 안 믿는지…"

모든 상황에서 그들의 본능적인 반응은 일단 자신의 위치를 확고히 하는 걸로 시작을 하고 이는 앞으로의 행동의 바탕을 이루어주는 습관이다. 일반적으로 우리는 그들이 일단 주어진 것에 반해 움직이거나 저항하거나 하는 본능에 따라 자연스럽게 행동한다고 할 수 있다—실험해보며, 질문해보며, 관찰해보며, 도전해보며, 비판해보며 아니면 조용하지만 완고하게 그것에 대해 저항하며.본능적인 것 외에도 그들의 경험은 강한 감정에 의해 다루어진다. 가장 강한 감정은 분노이다. 항상 그런 건 아니지만 세 가지 유형 모두 분노와 밀접한 관련이 있다는 것은 사실이다, 의식적으로 그것에 의해 추진되고 있든지 아니면 그것을 조절하고 숨기기 위해 노력하고 있든 간에 말이다. 분노의 특징이 가장 명확하게 연결되어있는 유형은 8번(도전주의자)이다; 분노는 더 내성적인 1번(완벽주의자) 유형에서는 더 잘 감추어져 있고 숨겨져 있다. 그리고 이것은 9번(평화주의자) 유형에서는 워낙 잘 조절되고 억압당하고 있기 때문에 거의 탐지할 수가 없다.

다른 조사할 만한 특징으로는 위에서부터 내려오며 세 가지 중심 모두의 내적 갈등의 중요한 원인을 제공하는 특징은 삶을 옳고 그름, 맞거나 틀림, 정당하거나 정당하지 않음으로 구분하려는 그들의 흑백논리에 가까운 성질이다. 그들은 그들의 삶에서 일어나는 일들을 이러한 시각으로 바라 볼 뿐만 아니라 그들 자신 또한 그들의 도덕성(그들에게 매우 중요한 단어)과 관련하여 어떠한 도덕적 재판을 받고 있거나 조사를 받고 있다고 생각한다.

그들의 분노는 그들을 일방적으로 만들고, 유난히 까다로운 상황에 있거나 높은 스트레스에 시달리고 있을 때에는 그들의 자기 혐오감이나 죄책감을 강화시키는 요소가 된다.
다른 중심들과 마찬가지로 그들이 생각하는 바와 그들의 겉모습은 많은 차이가 있다.

● 겉으로만 보면, 그들은 보통 다른 이들에게 강하고 또한 강력한 사람으로 보일 것이다,
● 하지만 속으로 그들은 자신들이 강한 감정에 의해 던져지고 찢겨지고 있다고 느끼며 잘 보여주지는 않지만 쉽게 상처를 받는다.

2. 가슴중심

온 몸에 피가 통하도록 하고 다시 되돌려 받고 정화시킨 다음 다시 순환하게 하는 것은 심장의 임무이다. 피를 통하여 심장은 몸내에 있는 모든 기관들이랑 지속적으로 그리고 쉴 새 없이 교류를 하고 있다. 에니어그램에서 알 수 있듯이 심장은 가슴 중심 사람들의 사회적 활동을 위해 이러한 임무를 수행하는 곳이다. 이것은 사회적 중심, 혹은(이들은 덜 정확한 표현들이라고 여겨집니다만) 감정적 중심이나 효과적인 중심으로 불리기도 한다. 가슴 중심 사람들은 좋은 관계 유지를 위한 정보전달을 책임지고 있다. 우리는 주로 이것을 사람들 사이에 유대감을 형성해주는 원동력으로 본다. 이것은 사람들이 서로 친밀해질 수 있고, 그래서 개인 간의 우정을 쌓거나 그룹간의 신뢰구축을 할 수 있고, 한 팀으로써 일할 수 있고, 사회를 이룰 수 있고, 결국 서로 공존할 수 있는 이유가 되어 준다.

어떤 내적 깨달음—우리들은 이것을 마음의 지혜라고 부르기도 한다—들은 가슴에게 그들이 어떠한 관계에 있어야 한다고 말을 해준다. 그들에게는 어떠한 안내도, 격려도 혹은 충고도 필요 없다: 그들은 본능적으로 자라나고, 살아남고 또 성공하기 위해서는, 인간으로서의 삶을 살고 그들이 필요한 걸 얻기 위해서는, 다른 사람들과 좋은 관계에 있어야 한다는 것을 안다.

역시 아무런 가르침 없이, 그들은 관계를 맺는 일이 상호간의 관계를 맺는 일이라는 것을 알고 있다: 오는 정이 있으면 가는 정도 있어야 한다는 것이다. 다른 중심에서는 좋고 오래가는 관계를 맺기 위해서는 그들이 노력해야 한다고 가르쳤을 것이다. 하지만 가슴 중심에서는 다르다: 그들은 이것을 선천적으로 알고 그들에게 중요한 관계를 발전시키고 관리하고 보호하는 데 그들의 에너지를 쏟는다.

그들은 이것을 자연스럽게 그리고 직감적으로 알 뿐만 아니라 이것은 그들에게 있어 굉장히 중요한 걱정거리이다. 그들은 다른 사람과의 관계를 통해서 그들이 누구인지 깨달아 가고, 사랑받고 가치 있는 사람으로써의 경험을 하고 되고 거꾸로 불안정하고 그들 자신과 그들의 가치에 대한 자신감을 잃은 상태에 빠지기도 한다. 이러기에 그들은 다른 이들의 칭찬에 의존하게 되고 칭찬이 부족해지면 자신감을 더 쉽게 상실하게 되고 자기 회의 상태에 더 쉽게 빠지게 된다.

그들은 다른 이들의 칭찬을 필요로 한다, 그리고 그것을 얻기 위해서는 무슨 방법이라도 동원을 할 것이다. 항상 다른 이들이 누구이고 누구와 다니고 그들과 어떻게 어울려야 하는지에 대해 신경을 쓰고 있기 때문에 그들은 그들의 이미지, 즉 어떻게 다른 이들이 그들을 보느냐에 많은 신경을 쓸 수밖에 없다. 또한 그들은 보통 그들에게 무엇이 기대되는 지 알아내고자 하는 마음이 강하며 알아낸 뒤 그 기대를 충족시키려는 욕구가 강하다.

각각의 중심은 그들이 선호하는 에너지의 흐름의 방향이 있으며, 가슴(Heart) 중심이 선호하는 방향은 다른 사람쪽으로 에너지가 흘러나가는 흐름이다: 다른 이들의 말에 귀를 기울이는 것, 남을 관찰하고 남에게서 나오는 신호를 해석하려고 하는 것—그들이 어떻게 느끼고 있는가? 그들이 원하거나 필요할 만한 것에는 무엇이 있는가? 보통 그러고 나면 그들이 자신에게 어떤 것을 기대하는 지 생각해보고 그것을 "자신의 이미지"에 맞게 충족시키려는 강한 열망을 보인다. 각각의 중심은 지배적인 감정에 의해 좌지우지되며 가슴 중심 사람들에게 있어 이것은 초조함이다: 차츰 초조함을 통해 스며드는 자신의 이미지에 대한 선입관—남들에게 어떻게 전해지고 있는지, 남들이 어떻게 바라보고 있는지, 그들이 용납하는지 좋아하는지 혹은 싫어하는지 말이다. 물론, 모든 관계를 우리가 용납하지 못하는 것이 사실이고 때로는 거부당하고 거절당하고, 당연하게 여겨지거나, 적대적이 되거나, 실망시키거나, 아니면 심지어 배신까지 당할 위험이 있다는 것도 사실이다. 하지만 가슴 중심 사람들에게 있어 대인관계란 워낙 중요한 일이기 때문에—그들의 삶의 활력소라고도 할 수 있다—그들은 이런 걱정에서부터 벗어날 수 없으며 항상 그들의 행복이나 자존심에 영향을 끼칠 수 있는 변화에 대해 경계하고 있다.

이러한 가슴 중심 사람들의 자신의 이미지에 대한 초조함과 연관되어 항목들로는 shadow quality, 이중적인 성향, 자신을 높이려는, 자신들의 결점을 숨기고 실제 자신의 모습보다 더 잘나 보이려는, 성향 등이 있다.

가슴 중심 사람들은 보통 지나친 책임감을 지니고 있는 경우가 많다. 예를 들면 그들이 직장에서 떠나 있을 때에도 그들은 그들과 같이 일하는 동료들에 대한 걱정을 지니고 다닌다.

에니어그램 원들 중에서는 2번(협력, 조력자),3번(성과, 성취주의자) 그리고 4번(낭만주의자)이 가슴 유형 사람들의 에너지가 주도적인 역할을 하고 있는 유형이다. 표면적으로는 그들은 각자 다른 유형의 성격을 보여주지만, 근본적으로 원동력은 똑같다. 세 가지 중에서, 2번 유형이 가슴 유형 사람들의 캐릭터를 제일 잘 보여 준다: 이 종류의 사람들은 주로 "열정적이다"라든지 "적극적인" 혹은 비판적으로 "가슴 아픈" 아니면 "그들의 심장과 박동을 함께하는" 사람들로 묘사되는 경우가 많다. 이러한 성질들은 2번과 비교해서 성질들 간의 관계가 사뭇 다른 4번 유형에서는 숨겨져 있다. 그리고 그들의 외형적 행동을 보고 판단한다면 사람들은 3번 유형에서 가슴 중심 유형과 관련되어 있는 어떠한 점도 찾지 못할 수 있다. 하지만 세 가지 모든 경우에서 우리는 똑같은 근본적인 힘을 발견할 수 있다. 비록 그들은 서로 다른 경로를 통해 서로 다른 영양분을 얻지만 말이다.

내적 세계가 외적 세계보다 훨씬 큰 사람을 대표하는 유형들이다. 내면의 많은 것들이 표출의 통로를 잘 찾지 못한다. 두려움이 이들의 주요한 감정인데, 원칙적으로 자신의 안전을 해하는 사람(적, 공격자), 대상(사나운 개, 물건), 상황(어두컴컴한 집)에 집중되어 있다. 두려움은 자기보호 에너지이다.

촛대, 십자가, 성만찬의 상징물은 절대자와의 연관성 혹은 인간 경험의 깊이를 반영한다. 이들은 구조화 되어있는 인식체계로 인하여 교회월력에 따른 기도 (가령 성무일도)에서 편안함을 느낀다. 눈을 뜨고 기도하건 초를 켜 놓고 포커스를 맞추는 명상은 누구보다 오래 할 수 있다. 그들 각각의 중심에서 나오는 외적 행동과 그들이 실제로 경험하는 감정들은 서로 비교할 만한 가치가 있다.

- 가슴 중심 유형의 이들은 보통 동행이 있을 때 사회적으로 자신감을 얻기 때문에 더 편안하고 자신감 있는 태도를 보일 것이다.
- 하지만 그 동안 내내 그들은 그들이 남들에게 어떤 인상을 주고 있는 지에 대한 초조함에 시달리며 그들이 남들에 비해 부족하거나 열등하다는 근본적인 느낌을 계속 전달할 것이다.

3. 머리 중심

머리 중심, 혹은 인식하고 생각하는 중심은 몸 중에서도 언어의 사용, 연결, 분석, 아이디어들의 상호 연결, 숨겨진 패턴들을 파악하고 계산하고 제정하고 상황을 고려하고 결정하고 계획하는 역할을 맡고 있는 신피질과 연결 되어있다: 이것은 또한 충동적인 행동을 미루거나 없애서 참게 해주는 역할을 한다. 우리가 삶의 방향과 목적 그리고 의미를 찾는데 도움을 주는 것이 바로 머리 에너지이다.

이러한 중심을 선호하는 이들의 삶에 대한 전형적인 태도는 그들에게 무슨 일이 일어나고 있는지, 그 일들이 무엇을 의미하는지, 그것을 이해해야 하는 욕구와 그들과 그들 주위에서 일어나는 일들을 이해할 수 있는 능력에 의해 좌지우지 된다. 그러한 이유로 그들은 무슨 일에 나서기 전에 주저하는 성향이 있다: 그들에겐 얻을 수 있는 모든 정보를 얻고 그것으로 상황을 파악하고 이해하려고 노력하고 본격적으로 나서기 전에 득과 실을 따져보는 시간이 필요하기 때문이다.

실제 상황에서는, 특히 긴급한 상황이나 돌발 상황에서는, 그들은 가끔 물을 벗어난 물고기처럼 보이거나 마른 땅에 나오게 된 백조처럼 불편하게 보일 수도 있다. 원치 않은 관심은 그들을 더 불편하게 할 뿐이다. 그래서 그들은 머뭇거리고, 그 상황에 맞는 법칙을 찾아내려고 시도한 다음 가장 적절한 행동을 취하려고 한다. 그들 속에서 이러한 과정을 모두 거친 다음에야 그들은 무슨 행동을 할 지 결정할 수 있는 것이다. 이러한 과정을 거친 뒤에도 그들은 말로써 그것을 표현하려고 하며, 분석하고, 원인과 결과를 파악한 다음 무엇을 해야 하는지 직접 하기보다는 말로만 하려고 한다. 긴급 상황이나 자발성이 필요한 상황에서는 이런 행동을 용납할 수 없다.

그들의 에너지는 그들을 사람들로부터 떨어지게 하여 주변 상황들을 생각할 수 있게 해준다. 그들은 "상아탑" 형태의 고립 상태에서 살아가려고 할 수도 있으며, 그 상아탑에서 그들은 직접적인 경험보다는 책이나 테이프 그리고 강의를 통해서 살아가는 법을 배우고 하고 싶어 한다. 그들이 다른 이들과 그들의 "직접적인"방법으로 경험을 터득하는 법을 평가절하하는 경우도 있기 때문에 오만하게 보일 수도 있다. 결과적으로 그들은 삶의 흐름과 리듬에서부터 멀어져가게 된다.

새로운 삶이 펼쳐질 때마다 뒤로 물러서기 때문에, 그들은 자연적으로 삶에 대해 두려움을 느끼고 방어적인 태도를 취한다. 그들의 모든 경험은 공포라는 감정에 의해 색칠되고 지배당한다. 그들은 선천적으로 주의 깊고 조심스러운 태도로 삶에 대해 신중하고 주의 깊게 접근한다. 그들은 그들이 얘기하고 행동하기 전에 그들에게 보여 지는 것들에 대해 생각해보고 관찰할 수 있는 시간을 필요로 한다.

그들은 신체적 안전에 대해 매우 신경을 많이 쓴다; 그들의 집은 안전장치를 여럿 장착하고 있을 확률이 높으며, 그들은 문단속에 신경을 많이 쓴다. 그들 자신에게 "거리의 지식"같은 것이 부족한 것을 스스로 알기 때문에 그들이 잘 모르는 사람들에 대해서는 의심을 하고 믿음을 가지는 데에 있어 느린 편이다.

어떠한 새로운 상황이라도 그들은 일단 그들 방식대로 봐야 한다: "나는 어디에 있는가? 이러한 상황들이 어떻게 연결이 되는가?". 그들은 질서를 찾아 해매이고 질서를 찾을 필요성을 느낀다: 이러한 점 때문에 규칙, 설명, 법 그리고 지도 등에 대해 가진 편애가 생기는 것이다. 그들은 이것들에 의존을 하고 다른 이들에게 물어보기 보다는 그들 스스로 이러한 도구들을 이용해 자신의 길을 찾고 무엇을 해야 할 지 결정하려 한다.

내부와 외부에 질서와 규칙이 적용되는 구조는 그들에게 중요하다. 법에 대한 강한 존중과 어우러진 그들의 특징은 강한 의무감이다. 그들은 의무를 마칠 때까진 성실하겠지만 일단 끝나면 계속해서 책임감을 느끼거나 걱정하지 않고 놔줄 것이다.

이러한 원동력이 나오는 뇌의 부분에는(신피질) 느낌이 없기 때문에 명확하고, 객관적인 생각을 거친 뒤 안정적이고 치우치지 않은 선택을 하는데 능하다. 반면 그들은 일반적으로 그것이 자신의 것이든 다른 사람의 것이든 상관없이 감정이란 것 자체를 별로 신뢰하지 않는다. 그들은 어떤 종류의 과격함이나 폭력이라도 두려움을 느낀다. 그들은 다른 사람들이 감정을 내비칠 때 불편해하고 특히 분노나 다정다감함에 많은 두려움을 느낀다. 그들 자신의 감정은 그들 안에 깊이 숨겨져 있다. 그 결과로서, 그들은 Head 유형의 에너지로만 살아가게 된다. 만약에 당신이 그들에게 무엇을 느끼고 있냐고 묻는다면 그들은 아마 그들이 생각하고 있는 것을 얘기해 줄 것이다—그 둘의 차이를 인식하지 못한 채—.

그들은 차갑거나 무감각하지 않지만 그들이 감정을 표현하는 것을 거부하기 때문에 다른 사람들이 그렇게 받아드린다.

에니어그램 원들 중 5번(관찰자, 탐구자),6번(충성주의자, 충실한 회의주의자) 그리고 7번(쾌락주의자)이 머리 에너지가 주체적인 역할을 하는 유형들이다. 특히 가장 명확하게 특징을 찾을 수 있는 유형이 5번 유형들은 "권위적인" 사람들이거나 "책벌레"이거나 컴퓨터 얼간이일 가능성이 높다. 7번 유형들은 숨긴 채로 다른 방법으로 표현을 하고 6번 유형들

은 에너지와 워낙 멀리 동떨어져 있기 때문에 그들의 행동에서는 아무것도 찾을 수 없을
수도 있다.

- 겉으로 그들은 차갑고, 남들과 동떨어져 있고, 객관적이고 논리적인 생각을 지니고 전체적으로 많이
알고 박식한 사람이라는 인상을 준다.
- 하지만 내적으로 그들은 자신들이 두려워하고 있고 불안해하고 있고 눈에 띄지 않고 무미건조하다
고 느낀다. 그리고 그들의 마음에 깔려있는 자기 자신이 쓸모없고 필요 없는 사람이라는 감정과의
지속적인 다툼도 잊으면 안 된다.

에니어그램과 자신에 대한 지식

당신의 거짓된 모습을 알아내고 당신의 진정한 자아를 찾아내자!

우리는 우리 자신과 다른 이들 그리고 그들의 삶을 일반적으로 경험하는 방법에 대해 세 가지의 각기 다른 방법을 통해 보는 것으로 시작했으며 주로, 거의 모든 초점을 심장 에너지, 머리 에너지 혹은 장 에너지에 맞추었었다. 이제 우리는 이 세 가지 힘의 중심에 대해 더 자세히 알아보고 각각의 중심에서 무엇을 찾아낼 수 있는 지, 눈에 띄게 서로 다른 점은 무엇인지 알아보려 한다. 곧 세 가지 에너지의 중심에 대해 같은 기준을 중심으로 간단한 설명을 할 것이다.

축복과 왜곡

모든 경우에서 우리는 축복받은 부분에서 시작할 것이다. 인간은 하느님으로부터 창조되어졌으며 하느님의 형상을 얻었기 때문에 '인간은 하느님의 모상'(Imago Dei)을 전제로하여 (창세 1,27) 우리를 바라본다. 이는 우리가 살아가면서 받은 다양한 축복들을 통해 우리 안에 있는 하느님의 모습을 살아감을 의미한다. 하지만 실제로 인간은 본래의 축복받은 상태에서 추락해버린 존재이다(창세 3). 우리는 축복을 잘못 받아들이고 내 자신이 만든 나의 이미지에 맞게 축소되고 왜곡시켰기 때문에 내게 본래 주어졌던 이미지에 대해 아무리 잘 기억을 해도 흐릿한 이미지 정도밖에 보지 못한다.

이상화된 자아 이미지

우리가 어릴 때(보통 2살에서 6살 사이) 이미 우리의 성격은 자리 잡는다. 우리는 각자 어떤 특성이나 존재하는 방법에 집중하고 우리의 이미지—이상화된 자아 이미지—를 만들어 나간다. 하지만 이러한 이미지는 우리의 진정한 자아가 아니라 우리가 왜곡한 자아이다; 내가 되고 싶어 하는 자아[Ego]이며 내가 남들에게 보여주고 싶은 자아인 것이다.

자아의 결합/강박증

나의 왜곡된 모습 안에서도 하느님이 주신 축복된 모습을 찾을 수 있다. 나는 그것을 축복이 아니라 나의 이미지대로 살아야할 필요성이나 강압으로 받아드린다. 각각의 성격 유형마다 각자의 자아 결함이나 억압이 있다. 나는 내 자신이 어떠한 사람인지, 내 힘의 기본적인 원동력을 알아내고 그것을 서서히 인식 한다: 이것들은 실로 중요하고 우리의 경험들의 중심을 이루는 힘이 되고 우리에게 깊이 스며든 습관이 되어서 우리가 의식하지 못 하는 충동, 경향 그리고 필요사항들을 만들어낸다. 그들에게 우리는 이미 너무 익숙해져 있기 때문에 일부러 인식하려고 하면 오리혀 어려움을 겪을 수 있다.

방어기제

이러한 몸에 베어버린 습관들은 내 이상화된 자아 이미지가 위험에 처할 때, 내 자신을 보호하는 방법이 되어주고 드러내고 싶지 않은 부분이 드러나려고 할 때 그것이 비껴나가게 하거나 아예 막아버리는 방법이 되어준다.(의존, 중독, 분열, 투사, 회피, 퇴행, 동일시 시기 질투 등)

열정

내 이미지가 위협당할 때면 나는 언제나 거의 본능적으로 "유별나게 강하고 방어적인 감정을 실어서" 반응을 보일 것이다. 각각의 자아의 유형은 그러한 상황에서 주로 보여주는 감정(열정)들에 의해 차별화 될 수 있다.

우리의 설명에서는 일단 이들에 대해서 기본적인 부분만 알아볼 것이며, 나중에 더 자세히 살펴보는 기회를 가질 것이다. 사막의 교부가 만든 "Deadly or Capital Sins"에서 각각의 이름들이 나온다는 사실은 알아둘 만하다: 이걸 가장 처음으로 시작한 사람은 Evagrius[345 · 399]로 그는 8개(어떤 자료에서는 9개이지만)의 그러한 죄를 기록하였다.[Cf Rohr & Ebert, The Enneagram. A Christian Perspective,2001; Salmon, ABC de l'Enneagramme,2001].

회피해야 할 것

"나는 내 자신을 어떠한 방법으로든 보호하려 하는가!", 내적인 욕구를 바라보며 나의 어느 부분이 가장 취약한지 (민감하고, 방어적이고, 불안하고, 위협받고 있는지) 그리고 어느 부분에서 내 자신이 가장 부자연스러운지, 내 자신이 어디에 있는 지 혹은 어디에 있는 것 같은지 알아보는 데에 사용한다.

전환 방법

전환하는 방법에 대해서는 이미 한 번 살펴본 바가 있다:
▶ 나의 열정, 왜곡된 축복을 피하고 나의 왜곡된 축복의 균형을 잡아주는 가치들에 대해서 반대하는 나의 열정.
▶ 내가 회피해야할 부분은 내가 받은 축복의 상태로 돌아가고 내 안에 있는 신의 모습과 신을 향해 내 자신의 길을 찾아나기 위해 통과해야 할 길을 보여준다.

제 3 강

장 중심(유형 8, 9, 1)

강하다. 직설적이다. 자신만만하다. 영향력있다. 에너지가 많다. 대담하다. 아량이 넓다. 의지가 강하다. 정의롭다. 자주적이다. 확신에 차 있다. 유능하다. 선두에 있다. 세련되지 못했다. 보복한다. 허세부린다. 소유욕이 강하다. 압도한다. 위협적이다. 둔감하다. 퉁명스럽다. 무정하다. 둔하다. 듣지를 않는다. 거칠다. 오만하다. 호전적이다. 독재적이다. 맞선다. 폭군적이다.

축복과 왜곡

여기서의 축복은 힘과 강함이다. 신의 힘과 절대적인 모습을 바탕으로 만들어진 그들은 살아있다는 것은 강한 것임을 느낀다. 이러한 축복이 전투와 시련으로 국한되었을 때, 공격이나 방어를 위한 무기로써 사용되고 환영받을 때, 왜곡될 것이라는 것은 굳이 말을 안 해도 알 수 있을 것이다.

- 자신감이 넘치고 정직하며 솔직하다.
- 단호하며 공정하고 관대하다.
- 겁이 없으며 놀라운 의지력과 활동력이 있다.
- 강하고 용감하며 리더쉽이 있다.
- 정열적이고 현실적이다.
- 결단력이 있고 약자를 끝까지 보살핀다.

이상화된 자아 이미지

나는 강하다. 나는 내 자신과 필요하다면 내 주위 사람들도 돌 볼 수 있다.

자아의 결함/강박증: Ego Vengeance

내게 제일 중요한 것은 힘이다; 나는 그것을 이해하고 그것을 향해 나아가며 그것을 사용하는 것을 즐긴다. 나는 그 누구도 두려워하지 않는다. 나는 지위나 직무에 압도당하지 않는다: 오히려 그것들은 내 자신이 힘 있는 자들과 엉키게 해주는 것들이기 때문에 좋아한다. 나는 힘을 악용하는 사람들을 처리해야 할 의무 비슷한 욕구를 느낀다.

나는 삶을 모든 사람들이 자신을 보호해야 하는 시련으로 본다. 우리는 불평등한 세계해서 살며 이는 생존을 위한 첫 번째 규칙이다. 힘은 이러한 이유로 무기로 사용 된다: 방어나 공격을 위해 사용되지만 언제나 시련의 관점에서 사용된다. 시련이 바로 삶이기 때문이다.

나는 보통 남들이 나를 이용할 까봐 항상 경계하고 있다. 나는 내 자신의 약함과 남들의 순수함을 부정한다.

나는 의협심이 강하며 잘못된 점을 바로잡으려고 무력도 마다하지 않고 그 위에 군림하려는 내 자신을 종종 발견하고 한다.

나는 억압받는 이들과 약자 그리고 소외받는 계층들에 대해 강한 동정심을 지니고 있으며 항상 그들의 편을 들게 된다: 그들의 이익을 위해 싸우고, 그 억압의 주모자들을 공개하고 그들이 자신의 행동에 책임을 지게 만든다.

나는 "전부가 아니면 포기하는"형태의 관심을 주는 사람이고 상황의 극한을 보려고 하는 경향이 있다. 다른 이들은 내게 강하거나 약하거나, 공정하거나 공정치 못하며 중간이란 없다.

내가 일을 처리하는 방법은 사람들의 거짓을 밝혀내고 가식적이거나 진실 되지 못하거나 옳지 않은 것들에 반대하고 비판하는 방법이다. 나는 강한 내 자신을 자랑스럽게 생각하며 사람들은 나를 진지하게 받아드린다. 나는 망설이고 있을 시간이 없다. 내게 타협이란 겁쟁이들이 상황을 빠져나갈 때 쓰는 방법일 뿐이다.

나는 현실을 적대적으로 바라본다. 나는 내 자신과 다른 이들을 몰아세우고 처벌한다.
- 인생을 싸움터로 생각하기 때문에 항상 다른 사람과 대결하는 자세
- 자신의 일이 타인의 위선이나 부정을 폭로하는 것으로 생각

- 다른 사람의 힘을 재빠르게 알아차리고 약점을 발견하며 도전받으면 그것을 공격
- 자신이 강하다는 것을 과시, 강한 사람을 존경
- 황소고집을 부리며 그 태도가 오만

나의 관심은 자연스럽게 어디에 권력이 있는지에 맞춰진다. 그리고 나는 그들의 장점과 약점을 바탕으로 사람들을 평가한다. 나는 다른 이들의 약점을 빨리 간파하며 이러한 이유로 내가 필요하다고 느낄 때면[스포츠경기, 비즈니스 계약, 말싸움 등] 주저하지 않고 약점을 이용할 것이다.

분쟁을 피하기보다는 조그만 조짐이라도 보이면 나는 바로 달려든다. 만약에 내가 보기에 현실이 너무 평화로우면 나는 무슨 일을 일으켜서 살아나게 하고픈 충동을 느낀다. 나는 재미로 말싸움을 시작하기도 한다, "계속 움직이게 하기 위해서"

나는 내가 잘못 되었다고 생각하는 사람이면 주저하지 않고 대항하거나 몰아세우며 그 사람이 권력을 가진 자일 때 특히 더 그렇다. 나는 내 분노를 바로바로 표현한다.

나는 예라고 대답하는 데에는 곤란을 느끼지만 아니오라는 대답은 쉽게 한다.

나는 "가짜"들과 지낼 시간이 없다. 나는 직설적이고 솔직한 답변을 원한다: 직접적이고 직시하고 있으며 바로 용건으로 들어가는 답변을 원한다.

나는 또한 무언가를 처벌하고 있으며 강한 언어를 즐겨 사용한다 (비속어들을 사용하면서 자제 하지 않는다!). 위협적이거나 스트레스가 많을수록 거칠어지고 공격적이 된다 "나에게 덤벼봐!"

나는 다른 이들도 이런 삶을 살고 있을 거라고 가정한다. 만약에 그러고 있지 않다면 그들은 이러한 태도를 배워야 한다.

방어 기제: 부정

만약에 내게 반갑지 않은 자료를 가지고 들이댄다면, 나는 간단히 그것을 무시하고 보지 않을 것이다. 이런 현상은 내가 소중히 여기는 계획이나 프로젝트가 제대로 돌아가지 않을 때, 아니면 내가 어떻게 할 수 없는 돌발사태가 일어났을 때 누군가가 그것을 내게 알리려고 할 때 나타난다. 나는 그런 일들을 알고 싶지 않다. 그래서 나는 내 귀를 막아버린다. 나는 그럴 리가 없다고 말한다. 그것은 거짓말이 아니다: 나는 그 진실이 나를 너무 불편하게 하기 때문에 내 자신이 그걸 직시하도록 허용하지 않기 때문이다. 곧 현실을 부정하거

나 자기가 한 행동에 대해서 인정하기를 거부한다. 인정한다는 것은 위협적인 현실을 수긍하는 것이다. 부정은 급격한 변화와 불안을 가중시키기 때문에 거부하며 이는 극단적인 자기보호를 의미한다.

열정(집착): 열망

이건 굳이 육체적 열망만을 말하는 것이 아니라 인생을 제대로 살고자 하는 강력한 열망을 말하는 것이다. 이는 사람들이 나를 "과장되었다"고 평가하게 하는 내 안의 어떤 힘과 관련이 있다. 나는 미지근한 관계를 유지하느니 차라리 그 관계에서 발을 빼버린다.

나는 열심히 일하고 열심히 논다. 나는 안절부절 하지 못하며 무미건조함을 느끼며 지루한 감정을 없애려고 고생한다. 나는 에너지가 넘치며 뭐든지 열심히 한다: 너무 크게, 너무 시끄럽게, 너무 많이. 나는 일단 무언가를 즐기기 시작하면 언제 멈춰야 할지를 모른다:

회피: 나약함의 징조

- 나는 남들이 나를 이용할 까봐 언제나 경계를 하고 있다.
- 나는 나의 나약함과 남들의 순수함을 부정한다.
- 힘이 없고 나약한 사람들을 경멸하고 무시한다. (자기투사, 나의 나약함을 원하지 않기에)
- 틀에 박힌 일정이나 권태로움을 좀처럼 참기 힘들어 하기 때문에 새롭고 자극적인 체험을 찾는다.
- 남과 친밀한 관계를 맺어 사랑을 나누지 못한다.(사교술이 다소 거칠다) 이러한 나의 태도가 왜곡되었다는 건 쉽게 알아볼 수 있다: 내게는 나약함이나 점잖음, 자비나 동정심이 자리 잡을 곳이 없다. 그러한 감정들은 나를 불편하게 하는 감정들이며 나는 되도록 그런 감정들을 야기할 수 있는 상황들을 어떻게든 피하고 싶어 한다.

이러한 이유로 나는 부드러운 감정들과 그에 의존해야 하는 필요성을 인지하는데, 남들에게 다가가는데, 따뜻함이나 호감 혹은 친절함을 베푸는데, 어려움을 느끼는데 이는 나약함을 보여준다고 믿기 때문이다.

전환 방법

어쩌면 당연하게도, 전환은 이런 방법으로 시작해야 한다: 내 안에서, 남들에게서, 내가 가장 두려워하는, 혐오할 수도 있는, 감정들을 인식하고 받아들이는 행동.

나는 의식적으로 내 자신과 남들에게 더 친절한 태도를 보이고 익힘으로서 내 진짜 힘을 찾아가며 진짜 우리에게 주어진—그리고 하느님의—힘은 자비, 친절함 그리고 동정심에 있다는 사실을 알아간다. "하느님의 사랑과 자비 그리고 친절함을 배운다"

가난한 자와 억압받는 자들을 도우면서 나는 그들과 그들의 가치를 존중한다. 나는 단순히 "그들을 위해 싸우는" 것이 아니라 인간적으로 더 가까운 관계로 발전한다.

나는 솔직함을 추구하는 내 의지는 그대로 간직한 채로 남들과 교류할 때 더 그들의 입장과 내가 그들과 어떻게 교류하고 있는 지를 자세하게 생각해본다.

축복	힘
이상화된 자아 이미지	나는 강하고, 나는 내 자신을 돌볼 능력이 있다
자아의 결함/ 강박증	Ego Vengeance
방어기제	부정
열정	욕망
회피해야 할 것	나약함의 징조

장 중심 **9** 아홉 번째: 평화주의자/ 명상가/ 중도주의자

> **인**내심있다. 여유가 있다. 겸손하다. 동요하지 않는다. 안정적이다. 편안하다. 수용적이다. 침착하다. 허용적이다. 허세가 없다. 평온하다. 조화를 이룬다. 방임적이다. 느긋하다. 참작한다. 양보한다. 일을 미룬다. 별 기대가 없다. 지루하다. 우유부단하다. 화를 억누른다. 장황하다. 안일하다. 나태하다. 태만하다. 지나치게 순응적이다. 수동·공격형이다. 초연하다. 완고하다.

축복과 왜곡

여기서의 축복은 하느님이 주신 평화이다, Shalom[완전함, 조화, 고결함]. 이는 높은 가치만을 위한 것이 아니라 삶을 이루는 것들이다: 평화롭고, 모든 것이 평화를 이루기 위해서. 만약에 이것이 평화로워야 하는 필요성을 느끼기 시작하고 평화에서 벗어나는 것을 거부하고 어떠한 것도 나를 방해하거나 혼란스럽게 하지 못하게 하려는 결심으로 발전한다면 그것은 이미 축복이 왜곡된 것을 의미한다. 나는 그러한 경우에 내 삶에 정착하고 되도록 문제가 없게 만들고 그렇게 유지하려고 한다.

- 평화적이고 공정한 중재자이다.
- 침착하고 편안하며 겸손하다.
- 넓게 받아들이는 수용성을 가지고 있다.
- 누구에게나 위안을 준다.
- 어떤 상황에서도 좋은 점을 찾아내어 화합하고 일치시킨다.
- 인내심이 강하고 온순하며 스스로 만족한다.

이상화된 자아 이미지

- 나는 안정되어 있다
- 나는 내 감정이나 그 어떠한 것이라도 나를 혼란스럽게 하거나 평화에서 멀어지게 하지 않는다.

자아의 결함/강박증: Ego Vengeance

내 마음의 평화를 방해할 수 있는 모든 것에 대해 난 관심이 별로 없다; 나는 나를 불안정하게 할 수 있는 것이라면 그것이 무엇이든 알고 싶지 않다. 나는 내 자신이 어떤 일을 너무 열심히 하지 않게 하며 내 자신과 내 주위 모든 것을 평화롭고 차분하게 유지하려고 한다. "중요하지 않어…그럴 필요 없어…"

나는 나를 돌봐주는 사람이 없다는 것을 당연하게 여기고 나는 가상의 조화로운 세상으로 빠져든다. '그래 나는 버림받았어. 머, 인생이 다 그런 거지'

내 자신이 존재한다는 것을 인지하지 못 할 때도 있으며 자신에 대한 사랑이 부족하며 내가 중요하다는 사실을 인식하지 못 한다. 나는 언제나 일들을 사소하게 생각하고 중요하지 않게 만들고 '산을 가지고 두꺼비 집을 만드는' 경향이 있다. 나는 흐름에 맡긴 채 흘러가며 슬픔이나 기쁨도 내게 영향을 미치지 못 한다. '침착해, 어렵게 생각하지마'

나는 언제나 쉽게 빠져나가려고 하며 조금이라도 어렵거나, 불쾌하거나, 노력을 요하는 일을 할 때면 늦장을 부리는 습관이 있다. 그런 것들이 이미 편하기엔 늦은 만큼 가까이 다가오면—굉장히 심각하고, 급박하고, 관심을 요하면—나는 다른 사소한 일들에 갑자기 미친 듯이 집중하기도 한다.

나는 동요하지 않는다: 남들이 다 해야 하더라도, 나는 안 한다. 내게는 긴장감과 목표의식이 부족하다. 나는 구조나 시스템을 구축한 다음 알아서 돌아가게 하는 것을 선호한다. 나는 습관에 의해 일을 하며 비슷한 결과를 계속 만들어낸다— '의식주의'적인 경향. 에너지는 내게 중요하다.

'앉을 수 있는데 왜 서서 있어야해? 누워있을 수 있는데 왜 앉아 있어야해?'
하지만 나는 취미나, 게임, 스포츠 등과 같이 잡다한 활동을 할 때면 놀랄 만큼 활발해지기도 한다. 나는 외부에서 나를 긴장하게 해줄, 흥미진진하게 해줄 요소를 찾는다. 나는 얘기할 때 단조롭게, 별다른 억양 없이: 메마르고 내 말이 당연하다는 말투로 중얼거린다.

방어 기제: 마취

많은 에너지가 중요한 과제[개인적인 성장, 대인관계]들에 사용되지 않고 내 평화를 방해하는 요소들을 막는 데에 사용된다. 나는 굉장히 성능이 좋은 쇼크를 흡수하는 시스템을 지니고 있다.[Gurdjeiff는 이를 buffer라고 불렀다]

열정: 게으름, 특히 자신과 자기 인식에 관련해서

'나는 어떠한 일들이 나에게 벌어지게 하지 않는다; 어떤 일이라도 화 낼만큼 가치는 없다'. 이것의 중심을 이루어서 뒷받침해주는 믿음은 "나는 중요하지 않다, 나는 상관이 없다"

나는 내 자신을 잃어버리는 경향이 있다: 남의 아이디어와 관심사 그리고 선호도 속에서; 그리고 나는 선택을 하거나 결정을 내리거나 내 자신이 해야 할 일을 정리하는 데에 거부감을 느낀다.

나는 개인적인 결정을 내려야 할 때 중립적인 입장을 선호한다. '내가 찬성하고 있을까 반대하고 있을까?'. 나는 질문의 모든 면들을 볼 수 있다. 내 개인의 입장이 중요하지 않을 때 결정은 더 내리기 쉽다. 예. 긴급 상황에서의 선택이나 개인적이지 않은 정치적 의견들.

나는 항상 내 외부에서 해결책을 찾고자 하며 나의 '정신적인 일들'은 남들이 해주기를 바란다.
나는 내게 가장 중요한 것이 무엇인지 잘 인식하지 못 하며 중요하지 않은 것으로 대신하면서 중요한 것을 찾아내기를 거부할 때도 있다.

회피해야 할 것: 분쟁, 외부와 내부 모두

나는 문제가 생길 것 같으면 재빨리 눈치를 챈다: 분쟁, 논쟁, 불쾌함을 줄 수 있는 모든 경우를 말한다. 만약에 내가 미리 방지하지 못하면(그것에서부터 관심을 돌리는 것)나는 내 자신이 그 일과 연관이 없도록 확실히 행동한다. 나는 심지어 그 일이 벌어지지 않고 있고 다른 일에 심취한 듯 행동하기도 한다 (이런 상황에서는 주로 사소한 일들이 내겐 굉장히 중요한 듯이 다가온다).

내 감정들은 절제되고, 거부되고 억제 당하고 있다. 나는, 쇼크를 방지해야 하니, 침착하다, 혹은 침착해지려고 한다. 나는 내 자신을 분쟁, 소동, 혼란들로부터 내 자신을 마취하며 둔감하게 하며 그런 일이 생기더라도 침착하게 행동한다. 나는 내 자신만의 세계로 빠져들며 상황이 급박해지면 급박해 질수록 더 침착해지는 경향이 있다. 잠은 믿음직스러운 탈출 경로이다.

나는 완고함과 수동적인 침략 행위를 통해 내 자신을 보호하고 상황을 조정하고자 한다.

전환 방법

전환은 내가 내 주어진 축복을 어떤 방법으로 왜곡하였는지 구체적으로 보는 것으로 시작한다. 특히 내가 현재의 습관들을 어떻게 얻게 되었는지 내 평화를 지키기 위해 내 생활방식이 (나에 의해서) 나와 다른 이들이 치러야 할 대가에 대한 고려 없이 어떤 방식으로 설계되었는지 알아본다. 평화는 신이 내린 축복이 아니라 내가 내 생각에 가지고 있고 내가 계속 가지고 있으려는 물건이 되어 버렸다.

다툼을 피하려만 하지 말고 그러한 상황일수록 내가 받은 축복을 사용해야 하는 것임을 인식해야 한다.

평화롭게 살려는 내 욕망은 평화를 만드는 원동력이 될 수 있다: 명상을 하게 해주는, 화해를 위해 노력하게 해주는.다른 사람들의 입장에 대한 나의 민감함은 서로 다른 의견들을 냉정하게 바라보고 필요한 만큼의 긴장감을 유지 할 수 있게 해준다.

나는 각기 다른 입장들끼리 서로의 의견을 듣게 해줘야 하기 때문에 잠재적인 인내심(과 완고함)을 끌어낼 수 있다.

축복	평화로움, Shalom
이상화된 자아 이미지	나는 안정되어 있다; 나는 내 감정이나 그 어떠한 것이라도 나를 혼란스럽게 하거나 평화에서 멀어지게 하지 않는다
자아의 결함/ 강박증	Ego Indolence
방어기제	마취
열정	게으름, 특히 자신과 자기 인식에 관련해서
회피해야 할 것	분쟁, 외부와 내부 모두

책임감이 있다. 양심적이다. 신뢰할 만하다. 정확하다. 정직하다. 도덕적이다. 기준이 높다. 이상주의적이다. 철저하다. 공정하다. 윤리적이다. 열심히 한다. 비판적이다. 분노한다. 기대치가 높다. 참을성이 없다. 요구가 많다. 도덕적이다. 지나치게 노력한다. '해야한다'가 많다. 지나치게 진지하다. 간섭한다. 날카롭다. 완벽주의적이다. 초조하다. 비현실적이다. 엄격하다. 청교도적이다.

축복과 왜곡

여기서 주어진 축복은 완벽함이다. 나는 자신을 완벽하게 하려고 한다. 그리고 하느님이 우리에게 바라는 바는 우리가 나름대로 방법을 강구하여 "완벽하게, 우리의 전능하신 아버지처럼 완벽하게"되는 것이다. "완벽주의자"라는 용어 자체가 이러한 축복이 왜곡되었음을 보여준다.

- 이상적이고 원칙적이다.
- 정리정돈을 잘하고 부지런하다.
- 근면성실하고 일을 정확하게 처리하여 신뢰를 얻는다.
- 말과 행동에 일관성이 있는 정직한 사람이다.
- 양심적이고 공정하다. 개인적인 이득 때문에 일하지 않는다.
- 세상에 대한 개선의 의지가 강하며 윤리 도덕적이다.

상화된 자아 이미지

- 나는 옳다,
- 나는 좋다,
- 나는 공정하다.

자아의 결함/강박증: Ego Vengeance

내가 완벽주의자라는 말은 내가 완벽해야 할 필요성을 의미한다. 나는 절대 만족하지 못 한다. 그리고 어떠한 것도 나에겐 충분하지 않다—내 자신을 포함해서—그리고 나는 항상 이것에 혐오를 느낀다. 나는 항상 모든 것과 모든 이들을—내 자신을 포함해서—발전시키려고 하고 습관적으로 결과에 불만족해 한다.

나는 완벽함에 대해 비현실적인 기준을 가지고 있으며 이 기준들은 도달하기 불가능 한 것들이 대부분이다. 나는 보통 완벽하지 못함에 대해 미안해한다. "시간이 조금만 더 있었더라면 훨씬 더 잘했을 텐데..."하면서 말이다.

이러한 몸에 베어버린 습관들은 내 이상화된 자아 이미지가 위험에 처할 때, 내 자신을 보호하는 방법이 되어주고, 드러내고 싶지 않은 부분이 드러나려고 할 때 그것이 비껴나가게 하거나 아예 막아버리는 방법이 되어준다. 나는 만족스러운 결과를 얻지는 못 하지만, 포기하지는 않는다.

나는 매우 비판적이고, 잘못된 점이나 고칠 점들을 놓치지 않고 재빨리 찾아낸다. 내 관심은 이것들에게 마치 자석처럼 붙어있으며 다른 것들은 눈에 들어오지 않는다. 내 안에는 강력한 비평가가 있어서 항상 내 머릿속에서 옳고 그름, 좋고 나쁨에 대해 얘기를 나눈다. 항상 무언가를 감시하고, 머릿속으로 교정하고 발전시키고 있다. 나는 다른 이들도 내가 교정해야 한다고 느끼며 그들에게 어떻게 하라고 잔소리를 하려고 한다[문법, 철자, 발음 등에서].

실수를 한 번 하면 나는 그것을 두고두고 되새기며(주로 속으로) 계속적인 재검토에 들어간다: "어디서 잘못 된걸까? 왜 나는 이러지 않았을까...?"

나는 남들과 자신을 비교하는 습관이 있으며, 그로 인해 생기는 비판들로부터 나를 보호하려고 한다. 나는 높은(사실상 불가능한) 기준을 지니고 있으며 다른 이들도 나에 대해 똑같이 높은 기준을 가지고 있다고 믿는다.

나는 내 자신에게 만큼이나 남들에게도 비판적이지만 그들에 대한 내 의견을 말하는 데에는 어려움을 느낀다. "그들 스스로가 반성해야 해. 누군가가 말해 주겠지..."

솔직함은 내게 매우 중요하며 나는 항상 내 자신을 분석하고 있다. 나는 직설적으로 이야기하길 좋아하며 옳고 그름 그리고 행해져야 하는 행동에 대해 명확한 의견을 지니고 있다. 하지만 그에 못 미치는 내 자신을 보며 죄책감에 시달린다.

나는 일단 무슨 행동을 취해야 할 지, 무엇이 옳은 행동인지 깨달으면(혹은 깨달았다고 느끼면) 굉장히 권위적인 사람이 되기도 한다: 분명치 않은 부분에 대해서는 곤란함을 느끼며 무엇이 '옳은지' 결정된 뒤 그에 대해 행해지는 행동의 '과정'에 대해 불만을 가지기도 한다. 하지만 이러한 독단적인 의견들 뒤에는 불확실함이 자리 잡고 있다; 나는 언제나 이것을 느끼며 불만족스러워 한다.

내 안에는 언제나 판단과 분노에서 남아있는 원한 (분노)에로의 지속적인이 빠른 대부분 거의 감지되지 않는 움직임이 있다. 나는 나와 마주치는 사람들이나 상황에 올바른 반응을 보이기보다는 반항을 하려는 경향이 짙다.

나는 개인적 의견을 정하는 데에 있어 어려움을 겪으며 이로 인해 습관적으로 잔걱정이 많은 사람이 되기도 한다. 틀린 결정을 내리거나 잘못 된 사람이 되는 것에 대한 두려움 때문이 크다.

잘 느껴지지는 않지만 내 안에는 지속적인 분노의 지류가 있어서 가끔 표면적으로 나타나기도 한다. 예를 들면, 내 유머들은 보통 날카로운 발톱을 지니고 있는 경우가 많다.
(예를 들면 아이러니, 비꼬기, 풍자...)

내 말들은 주로 사과를 해야 하는 일들로 범벅이 되어 있다. 나는 습관적으로 내 자신을 교정하려고 든다. 내가 방금 한 말을 정정하고 질문하고 제한 한다; 나는 항상 그 상황에 가장 적합한 단어를 찾아서 내가 하려는 말을 명확하게 하려고 한다.

나는 다른 이들의 말을 끊기고 하며, 그들이 얘기할 때 끊임없이 속으로 그것에 대해 얘기하고 있다. 완벽함과 옳은 일 성실함에 집착하며 강한 의무감으로 모든 상황을 개선시키는 것이 자기의 할 일이라고 생각한다. 또한 ' • 하지 않으면 안된다', ' • 해야 한다' 라는 말을 자주 사용한다. 지나쳐 버릴 수 있는 것 까지 자기변호와 자기비판을 잘한다. 못가서 미안하다고 말하면 되는데 '그날 이래저래 못 갔다'고 자기변호를 한다.

나는 내가 잘못 되었다고 생각하는 사람이면 주저하지 않고 대항하거나 몰아세우며 그 사람이 권력을 가진 자일 때 특히 더 그렇다. 나는 내 분노를 바로바로 표현한다.

방어 기제: 반응 구도(반동형성, reaction formation)

나는 옳지 않다고 여겨지는 개인적 욕망은 인정하지 못 한다. 나는 그래서 가끔 내 본능적인 반응 (예. 옳고 그름에 대한 의견)을 용납하지 못 하고 반대로 행동한다. [예. 더 큰 조각을 원하는 본능을 무시하고 작은 조각을 집어 먹는 행위. 그리고 남들도 그렇게 행동하지 않으면 속으로 혐오하는 행위]. 이러한 이유로 내가 착한 아이처럼 행동하고 있을 때에조차 사실 속에서는 악동이 자유를 갈망하고 있을 확률이 높다. 이런 방법을 이용하면 나는 강제적으로라도 좋고, 도덕적이고 엄격한 사람이 될 수 있다. 분노가 올라오는 것을 의식적으로 억압시켜서 의젓하게 행동하지만, 쌓이면 한꺼번에 폭발한다. 필경 '남이 나를 화내게 해서 어쩔 수 없이 화를 내야만 했다'고 변명할 것이다.

열정: 열망

분노는 지속적인 감정이며 항상 숨어 있는 동반자이며 불만과 옳지 않은 것들에 대한 혐오의 형태로 나타나는 감정이다.
나는 습관적으로 불만에 가득 차있고 내 자신과 내 주위 상황에 대해 항상 불만족스러워 한다. 나도 모르는 필요성 때문에 분노는 쌓여만 가고 이에 반응해서 나도 모르게 이 분노를 기준선 바깥이라고 생각되는 이들에게 풀어버린다. 이러한 방법을 사용할 때 나는 개혁 운동가가 될 수도, 광신자가 될 수도, 고집쟁이고 될 수도, 열광자가 될 수도 있다.

회피해야 할 것: 분노

분노는 숨겨져 있고 억제되어 있다. 왜냐면 모순적이게도 나는 항상 모범을 보여야 한다 ("좋은 모델이 되어야 하고") 그리고 "착한 아이"는 화를 내면 안 되는 이유로 내 자신을 무조건 억제해야 한다: 만약 억제할 수 없다면 그 분노를 합리화 시켜서 당시 내 자신이 화를 낼 권리가 충분했음을 증명해야 한다—자신으로부터 책임을 돌리는 것이다.

전환 방법

전환해야 할 부분은 나의 비판적이고 일방적인 습관들이다. 그들을 놓아버려야 하며 내가 처한 현실을 인정하고 내 자신을 인정해야 한다. 우리가 살아가는 동안 완벽한 것이란 없고 어떤 것도 완벽할 수는 없다.

나는 내 경계를 늦추고 발전을 위한 끊임없는 내 욕망을 쉬게 해줄 필요가 있으며 삶을 즐기도록 노력하고 자기 자신을 즐기고 내가 하는 일을 즐길 필요가 있다. 꽃향기도 맡아주면서 말이다!!

나는 무엇보다도 내 자신을 용납해야 하고 내 죄스러운—혐오스러운—완벽에 대한 집착을 인정하고 뉘우치고, 완벽함을 위한 하느님과 같은 자세, 판단하고 비평하는 것이 아니라 삶을 창조하고 축복하는 자세를 배워야 한다. "하느님은 자신이 만든 것을 보고 그것이 좋은 것이라는 것을 보았다"

항상 틀린 점에 주목하는 나의 태도는 어떤 상황에서도 발전을 꾀할 수 있는 직관적인 본능과 정확하고 예민한 비판력으로 발전될 수 있다.

축복	완벽함
이상화된 자아 이미지	나는 옳다, 나는 좋다, 나는 공정하다
자아의 결함/ 강박증	Ego • resentment
방어기제	반응 구도, 반동형성
열정	분노
회피해야 할 것	분노

제 4 강

심장 중심(유형 2, 3, 4)

돕는다. 이타적이다. 베푼다. 민감하다. 칭찬한다. 돌본다. 배려한다. 사랑이 많다. 양육한다. 공감한다. 긍정적이다. 수용적이다. 희생적이다. 남을 먼저 생각한다. 함께 아파한다. 귀를 기울인다. 관계 중심적이다. 지지해준다. 불평한다. 요구가 많다. 맞서지 않는다. 과잉보호한다. 간섭한다. 소유욕이 강하다. 조종한다. 순교적이다. 아부한다.

축복과 왜곡

이 유형의 사람들은 본능적으로 강하게 신에 대한 사랑과 동정심을 느끼며 신의 사랑을 남들에게 퍼트려야 한다는 사명감을 지니고 있고 언제든지 남한테 도움을 줄 준비가 되어있는 사람들이다. 이러한 축복은 남들을 위해 도움을 주고 행해야 할 사람들로 인해 왜곡이 된다.

이상화된 자아 이미지

나는 자상하고, 나는 줄 수 있다.

자아의 결합/강박증: Ego Flattery

나는 본능적으로 사람들에게 정이 간다, 그것은 타고난 것이다.

나는 누군가를 도와야 하고 주고 있어야 하고 칭찬해야 하고 사랑해야 한다. 나는 그들이 내가 하는 일로 인해 기분이 좋아져야 한다.

나는 남들을 기분 좋게 할 수 있는 말은 놓치지 않고 다 말하며, 그와 동시에 그들이 내가 한 행동에 감사하게 느끼게 해야 한다.

나는 내 도움이 필요한 세계에 도움을 주는 사람으로 나를 본다. 나는 필요해야만 하고 내 조언과 도움을 남들이 원하고 나에게 의지해야 한다.

나는 남들이 필요한 걸 쉽게 감지해야 하고 그들이 필요할 때 가장 먼저 찾는 사람이 되어야 한다.

내가 하는 일의 대부분은 칭찬을 얻거나 퇴짜를 피하는 것에 그 목적이 있다.

나는 남들이 나를 따뜻하고 사랑스러운 사람으로 인식하게 해야 하고 그것을 위해 열심히 노력한다.

내가 주는 도움에는 미묘한 "고리"가 걸려 있다: 나는 나에 대한 고마움, 집중 그리고 긍정을 원한다. 나는 이것을 얻기 위해 굳이 질문을 던지지 않고 가장 선한 방법으로 남들을 설득한다.

나는 굉장히 대인적이고 자상한 태도로 남들에게 접근하며 그들이 자신에 대해 마음을 놓고 말하도록 유도하고 허락한다; 하지만 정작 나는 내 자신에 대해서 그러한 정보를 교환하는 데에는 매우 느리고 소극적이다.

나는 다른 이들의 만족을 위해 발달시킨 내 자신내의 다양한 '자아'와 성격들 때문에 혼란에 빠지기도 한다.

나는 다른 이들의 요구에 너무 맞추어서 행동하기 때문에 그들의 사랑을 확인하려는/확실히 하려는 나의 노력 가운데에서 내 자신을 잃어버리기도 한다.

내가 하는 말의 대부분은 남들을 칭찬하고 남들에게 용기를 주고, 조언을 주고, 그들이 필요할 때에는 언제든지 도움을 주는 것이다, 그들이 필요하든 말든 가에 말이다.

내가 사용하는 단어들 중에 내 자신이 무엇인가 필요한 데 그것을 제공받지 못 했을 때의 상태를 가장 잘 표현할 수 있는 단어는 "아픔"이고 내가 쓰는 단어들 중에서 중요한 역할을 한다. 나는 내 감정, 특히 분노와 적대심과 혐오감을 억제한다. 하지만 나 또한 특정 상황에서는 냉소적이고 거짓된 사람이 될 수 있다: '나의 자녀들아, 내가 너희들한테 해준 것이 얼마인데 나에게 이럴 수가 있느냐?'

방어 기제: 억제

나는 나의 이미지나 남들이 나에 대해서 가졌으면 하는 이미지, 즉 자상하고 점잖고 사랑
스러운 사람, 를 망칠 수 있는 모든 충동이나 반응을 억제 한다: 특히 분노/공격성과 열정/
성적 욕망의 위험한 경계선에서는 특히 더 그렇다. 자신의 부정적인 충동, 욕구, 감정을 억
압한다. 자신이 자각하고 싶지 않은 어떤 것을 무의식중에 의식 밖으로 몰아내는 것이다.
자신의 필요가 스스로를 근심하게 만들기 때문에, 그것을 억압하여 자신의 필요를 다른 사
람에게 투사한다.

열정: 자존심

나는 남들이 나를 필요로 하고 도움이 필요할 때 찾는다는 것에 대해 자부심을 느낀다.
나는 인맥관계가 좋음에 대해, 유명하고 중요한 사람들과 친하고 그들의 가치 있는 친구라
는 사실에 자부심을 느낀다.
이러한 나의 남을 위한 모든 걱정 밑에는 그들의 삶의 중심을 차지하고 중요한 사람이 되고
자 하는 욕망이 자리 잡고 있다.

회피해야 할 것: 내가 필요한 점에 대한 인식

나는 남들이 필요한 것에 대해서 매우 잘 알고 있지만 내 자신을 도와달라고는 잘 하지 못
하고 도움을 받는 데에 있어 불편함을 느낀다. 내가 주는 도움, 그리고 내가 보여주는 사랑
은 철저하게 일방적이다.

나는 내가 필요한 점을 남들에게 비추면서 남들을 도와줌으로 인해 간접적으로 만족감을 느
끼려고 한다. 나는 굳이 내가 말하기 전에 남들의 동정과 걱정을 얻으려고 한다.

나는 일종의 메시아 콤플렉스를 가지고 있다: 사람들은 나의 도움이 필요하지만 나는 내가
필요한 것도 있다는 점과 내가 줄 수 있는 도움에는 한계가 있다는 점을 인정하지 못 한다.

- 부탁을 받으면 거절하지 못하고 부탁하지 않은 일도 앞장서 도와준다.
- 상대방이 지지하거나 관심을 보여 주지 않을 때 쉽게 싱처를 받는다.
- 모든 사람들과 똑같이 친해져야 한다고 생각한다.(우체부, 경비원, 목사님, 이웃아이)
- 모든 친구들에게 특별히 중요한 사람이 되기를 바란다.
- 관계 안에서 소유욕고 독점욕이 강하다. 특별히 애정관계에 있어서.

전환 방법

이 성격의 전환은 내가 주는 사랑과 도움이 얼마나 일방적인지 그것이 얼마나 잘못 돼 있는 건지 인식하는 데서 출발한다.

나는 남들의 도움을 거리낌 없이 받아야 하고 그것에 대해 불편함을 느끼지 말아야 한다.

나는 남에게 도움을 줌으로 인해 느꼈던 자부심에서부터 벗어나야 하고 나도 도움이 필요한 부분이 있음을 인정하고 그것을 부끄러워해서는 안 된다.

내 자신의 모습으로 돌아올 수 있는 길들 중 진실—도움을 줘야 할 뿐만 아니라 받을 필요도 있다는 사실—을 경험하는 일이 가장 확실한 길이다. 그런 과정을 거친 뒤에야 나는 내 축복을 받아드릴 수 있고 하느님의 사랑이 무엇인지 알 것이다.

축복	사랑
이상화된 자아 이미지	나는 자상하다, 나는 줄 수 있다
자아의 결함/ 강박증	Ego Flattery
방어기제	억제
열정	자부심
회피해야 할 것	내가 필요한 점

심장 중심 3 두번째: 성취주의자

> **능**률적이다. 성공적이다. 동기부여자이다. 실용적이다. 실제적이다. 목표지향적이다. 인기있다. 활동적이다. 다재다능하다. 자신감있다. 팀조직자. 능력이 있다. 친화력이 있다. 일을 끝낸다. 관리자 스타일이다. 타산적이다. 편의주의적이다. 앞서 간다. 안달한다. 외모중시. 일중독. 카멜레온. 자기선전적. 정치적이다. 오도한다. 과다성취한다. 연기를 잘한다. 감정을 무시한다. 과다활동한다.

축복과 왜곡

여기서의 축복은 효율적이고 정리정돈을 잘하는 성격이고 이는 복잡한 세상이 조화를 이루게 해주는 하느님의 멋진 창의력을 보여준다. 이러한 사람들은 까다롭고 어려운 과제와 마주쳤을 때 가장 살아있음을 느낀다. 이러한 축복은 내가 맡은 모든 일에서 성공해야만 하는, 성공한 것처럼 보여야 하는, 이러한 과제만을 받아야 하는 것처럼 보이려는 욕망으로 쉽게 왜곡된다.

- 자신감이 있고 적응력이 뛰어나다.
- 활발하고 효율적이며 실용적이다.
- 부지런하고 낙관적이며 목표지향적이다.
- 동기부여자이며 누구와도 일할 수 있다.
- 상황에 따라 탄력성이 있으며 유연하다.
- 긍정적이며 어떤 일도 성공적으로 이끈다.

이상화된 자아 이미지

- 나는 효율적이다.
- 나는 뭐든지 할 수 있다.
- 나는 성공적이다.

자아의 결합/강박증: Ego Vanity

나는 바빠야 하고 나를 도전하게 하는 것과 마주쳤을 때 가장 행복하다.
하지만 내가 효율적이고 성공적으로 보이는 것도 중요하다.

나는 계속 바빠야 하고 계속 일을 해서 계속 성공을 해야 한다. 나는 내 내면과의 삶을 표면적인 성공을 위해 포기할 수 있다. 나는 내 감정들과의 교류가 원활하지 않으며 남들이 나를 어떻게 바라보는지에 대해서 지속적으로 검사하며 내가 어떻게 하고 있는지에 대한 평가가 계속 필요하다.

나는 내가 하는 것에 의해 정의된다. 나는 내 역할과 같으며 내 위치와 내 이미지에 예민한 반응을 보인다. 나는 내가 무엇을 하는 지 말해줌으로써 내가 누구인지 밝히며 내 위치를 밝히기 위해 내 이름 앞의 존칭을 주거나 [Fr., Dr., Professor] 특정 힌트를 줄 때도 있다.

나는 내가 속한 팀이나 협회를 통해 쉽게 정의되지만 그들이 성공적이거나 성공적이 될 잠재력이 있다는 한에서만 그런 조건이 성립한다. 만약에 그들의 미래가 흔들리기 시작한다면—나는 이것을 아주 빨리 감지할 능력이 있다—나는 바로 떠날 준비가 되어 있다.

나는 본능적으로 상황들을 어떤 식으로 포장하고 발표해야할 지 나의 믿음과 내가 현재 열정적으로 느끼는 것을 어떻게 '팔아야'할지 알고 있다. 이 모든 과정을 거치며 나는 사실 내 자신을 '팔고' 있는 것이고 내가 할 수 있는 가장 좋은 이미지로 나를 포장해서 팔고 있는 것이다.

나는 내 자신이 아닌 내가 하는 것으로 인해 사랑받고 인정받는다. 내가 하는 모든 일들은 결국 남들에게 인정받고 사랑 받기 위해서 하는 일이지만 이를 위해 힘들게 노력해야 한다고 나는 느끼고 결국 이를 위해 나는 내 업적에 대한 인정을 얻으려고 한다.

나는 굉장히 효율적이고 정리정돈이 잘 되어 있지만, 좀 지나치게 할 때가 있으며 일들을 끝내는 것에 너무 초점을 맞춘 나머지 남들의 감정이나 어려움에 대해 둔감해질 수가 있다. 실패를 인정하지 않는 내 성격은 남들의 실패를 용납할 수 없게 만들고 그것과 마주쳤을 때에 나는 인내심이나 이해심을 조금, 혹은 거의 보이지 않을 수도 있다.

내가 말하는 방식이 좀 권위적이거나 뻔뻔하게 느껴질 수도 있다. 하지만 비록 내가 내 자신에 대해 항상 당당하고 무슨 질문이던지 막힘없이 대답하는 것처럼 보일지 몰라도 사실은 애매한 단어들을 이용해서 상황을 모면하려고 하는 행동일수도 있다.

성공이라고 생각되는 것은 무엇이든 성취하고 싶어 한다. 가치 없는 존재는 질색, 성공을 위해 산다. 목표 지향적이고 일에 매진한다. 동료와 비교해서 경쟁적이며 최고가 되고 싶어 한다. 스케줄이 꽉 차있다. 화술이 좋아 상황에 따라 자신을 연출하며 상대방 위주로 말과 행동을 한다. 실리를 추구하며 잇속에 밝다. 일이 성사된다면 그것이 진실이며 또 좋은 것이다.

방어 기제: 검증

나는 내 일과 내 이미지 사이에서 내 자신을 잃어버리며 내 자신에 대해 이러한 방법으로 정의한다.
- ▶ 나의 역할/내가 하는 일로;
- ▶ 나의 이미지/내가 속한 그룹이나 단체의 이미지로;
- ▶ 내가 관계를 맺은 중요하고 성공한 사람들

열정: 거짓

난 내 자신을 내 역할로 너무 많이 정의하기 때문에 내 자신과 남들을 그것이 정말 나라고 속이기도 한다. 나는 본능적으로 공공에 비추어진 내 이미지와 내가 연결되어 있는 그룹이나 단체를 진실의 미묘한 왜곡을 통해 보호한다.

나는 본능적으로 비평을 막아낼 것이며 필요하다면 내 일이나 내 이미지 혹은 내가 속한 그룹이나 단체에 악영향을 끼칠만한 사실을 억압하거나 조작할 것이다.[의심스럽기로 악명 높은 '공식 발표문'들을 비교해보자: 약간의 '비평'이 가미된 'economical with the truth' 정치적 선입견].

회피해야 할 것: 실패

예상 할 수 있듯이 내가 가장 피해야 할 것은 실패이다. 나는 실패의 경험이 있으면 그것을 숨기고, 변조하고 아니면 간단하게 부인할 것이다.

내가 하는 일에 따라 내 자신을 강하게 정의했다는 것은 어떠한 일의 실패든 그것이 내가 한 일의 실패라는 의미보다는 내가 실패했다는 의미를 더 강하게 지닌다: 내게는 성공 외에는 선택이 없다.

나는 과거의 성공들은 기억하지만 실패의 기억은 지니지 않는다. 어떠한 실패라도 부분적으로는 성공이다. 예. '좋은 경험'. [여기서 하느님과의 흥미로운 비교가 일어나는데 그 분은 어떠한 성공이라도 부분적으로는 실패라고 보시기 때문이다!]

전환 방법

내게 전환하는 과정은 일단 나는 내가 가장하고 있는 나의 모습들이 모두 실제 나의 모습이 아니라는 점을 인정하고 인정하기 위해 노력하는 것과 내가 만들어놓은 이미지보다 나는 더 좋은 사람이 될 수 있는 잠재력이 있음을 아는 것에서부터 출발한다. 이것은 바로 나의 실패들을 인정하는 것으로 어떠한 방법을 사용해서라도 성공하려는 메마름에서부터의 탈출을 의미한다.

가장 중요한 점은 내가 하는 일 때문에 사랑받는 것이 아니라 내가 바로 '나' 자신이기 때문에 사랑받는 다는 점을 알게 되는 점이다.

ZIP 요약

축복	효율성
이상화된 자아 이미지	나는 효율적이다, 나는 성공적이다
자아의 결함/ 강박증	Ego Vanity
방어기제	검증
열정	거짓
회피해야 할 것	실패

민감하다. 독창적이다. 미를 창조한다. 취향이 고상하다. 두드러진다. 느낌이 중요하다. 고급스럽다. 세련되다. 직관적이다. 교양있다. 표현력있다. 특별하다. 오르락내리락. 초연하다. 극적이다. 과장한다. 소유욕이 강하다. 까다롭게 군다. 비탄한다. 엘리트 의식이 있다. 조종한다. 관심을 요구한다. 매달린다. 격렬하다. 즉흥적이다. 감정이 들쑥날쑥하다. 지나치게 예민하다. 오해받는다. 밀고 당긴다.

축복과 왜곡

이러한 사람들이 가장 예민하게 반응하는 감정은 독창성, 특별함이다. 우리는 각자 개성이 있지만 이런 유형의 사람들은 특히 그 부분에 예민하고 우리의 창조자의 특별함을 보여주는 경우가 많다: "하느님! 제가 그리스도입니다, 저와 같은 존재는 아무도 없습니다." 그들은 살아가면서 그들 깊숙이 그들이 남들과 다르다는 생각을 지니고 다니며 다른 이들이 절대 나처럼 될 수 없다고 느낀다.

이러한 축복은 그들이 달라야 한다고, 특별하다는 느낌을 필요로 하고 그렇게 대접받고 인정받고 싶어 하는 욕망이 강한 사람들에게 주어질 때 왜곡된다.

이상화된 자아 이미지

- 나는 다르다,
- 나는 특별하다 독특하다;
- 나는 예민하다

자아의 결합/강박증: Ego Vanity

나는 내 인생 동안 내가 다르다는 감정과 남들이 나처럼 될 수 없다는 감정을 깊이 지니고 산다.

나는 자신을 남들로부터 구별하기 시작한다, 아니면 이미 떨어져 나가 있다고 느끼기 시작하고 결과적으론 아픔을 느낀다. 이러한 내가 남들과는 다르다는 경험들 사이에는 우울한 감정이 흐르고 있음을 느낀다.

나는 특히 세련되지 못하고 평범하고 야비한 사람들로부터 내 자신을 멀리 할 수 있다.

나는 이에 대해 건방진 면이 있다.

나는 내 자신을 교양 있고, 문화적이고, 심미적인 사람이라고 믿는다. 나는 내 취향과 일들을 비범한 재능으로 처리하는 것에 대해 자부심을 지니고 있다. 나는 아름다움에 민감하고 내 외모와 주위 환경의 질에 대해 많은 중요성을 부과한다.

나는 내 자신을 있는 그대로 받아들이거나 주어진 상황을 있는 그대로 받아들이지 못한다. 나는 내 현재에 언제나 만족하지 못 한다. 나는 항상 진짜로 존재하고 확실한 존재이길 바란다. 하지만 나는 많은 시간을 내가 살고 있는 이 지루한 세상보다 내가 원하는 세상에 대한 판타지에서 사는데 소비하고 내가 맡고 싶은 역할을 리허설 하는 데 투자하지만—진짜의 내가 되어줄 역할—기회는 굉장히 드물게 오고 오더라도 나는 준비가 안 되어있을 확률이 높다.

나는 자연스럽고 자발적이길 원한다, 하지만 나는 오직 신중하게 준비된 무심함만을 기를 뿐이다.
나는 내일 자연스럽게 행동하려면 어찌해야 하는지 오늘 준비하며 대화에서 무슨 말을 하고 내일 사용할 대본을 준비하는데 많은 에너지를 소비한다.

나는 내 자신이 특별하다는 것을 경험해야 하며 내 자신을 올바르게 보여주려고 많은 고민을 한다. 이것은 내 자신이 사실 평범하고 보통인 사람이라는 것에 대한 깊은 두려움을 숨기기 위한 노력일 때가 대부분이다.

나는 굉장히 예민하고 내 감정의 깊이를 과장하려는 경향이 있다. 특히 내가 겪은 고통들에 대해 집착하는 경향을 보인다. 나는 외로움을 느낀다: 나를 이해하거나 내가 어떤 감정을 느끼고 있는 지, 어떤 과정을 겪고 있는 지 알거나 알 수 있는 사람은 아무도 없다. 나는 오해를 쉽게 받고 다른 이들이 둔감하다고 느끼는 경우가 많다.

나의 말들은 보통 내가 느끼는 슬픔과 피곤함과 동떨어진 말들이 대부분이고 한숨을 자주 쉰다. 하지만 나라는 동전을 뒤집어보면 서정적이고 로맨틱한 면을 발견할 수도 있다.

미적이고 감각적인 것(스카프, 귀걸이, 보석과 같은 악세서리 등)을 통해서 자신의 감정을 유지한다. 주변에 있는 물, 음악, 향, 조명 등을 살려 분위기에 취하기도 하고, 자신의 환경과 물건(펜, 침실의 조명, 커튼 등)에 대해서도 매우 까다롭다.

주변의 감정과 대조적인 입장을 갖는데, 가령 다른 사람이 행복해지면 왠지 슬프고, 슬프면 왠지 웃음이 나온다.

자존감이 낮아 실제의 자신의 능력을 개발하지 않고 환상 속의 자아를 개발함으로써 보상하려 한다. 자신의 실재 능력이 수치심의 원천이 되기도 한다.
인간의 어두운 부분(상실, 이별, 고통)에 흥미가 있고 특히 죽음과 친화력이 있다. 어두운 감정과 친숙하다. 또한 자신의 인생에는 많은 것이 결핍되어 있다고 느껴 대단치 않은 장벽에도 쉽게 상실감에 빠지고 자존심에 상처를 받는다. 특별히 예민한 감수성 때문에 자신의 섬세하고 민감한 부분을 알아주지 못할 때 상처받고 의기소침해하고 우울해한다.

방어 기제: 예술로의 승화

나는 내 감정들을 패턴들, 상징들 그리고 의식들을 통해 전할 필요성을 느끼고 내 감정들을 판타지스러운, 예술적인 그리고 드라마틱한 자아의 표현을 통해서 더 격렬하게 해야 한다.

나는 창의적이고, 상상력이 풍부하고, 예술적이어야 하며 평범한 경험들을 특별한 무언가로 만들 방법을 항상 찾아다니고 있다.

성적, 혹은 공격적 에너지를 사회적으로 인정받고 존경받는 방향으로 돌리는 것이다. 이 유형의 항상적 느낌은 이해받지 못한 것이거나 개인적 이상에 맞지 않은 것에 대한 자신의 수치심이다. 그것이 드러날 것에 대한 두려움이 간접적인 표현으로 나타나는데, 바로 실내장식, 고상한 취미, 우아한 삶, 영성모임 등이다.

열정: 시샘

[이것은 라틴어 invidia: 내가 없는 것 중 남이 가진 것을 바라보며 가지려고 하는 열망. 을 생각하며 이해하면 이해하기 쉽다]

나는 다른 사람들과 나를 비교하는 것을 어찌할 수 없으며, 자주 내 자신이 너무나도 여유롭고 자발적으로 행동하는 그들의 모습을 시샘하는 모습을 발견한다. 내가 되고 싶어 하는 모습이 그러하기 때문이고 내가 보기에 그들이 그렇게 자연스럽게 되는 행동을 하기 위해서 나는 많은 노력을 기울어야 하기 때문이다.

나는 깊은 피해 의식, 가끔은 포기에 가까운 감정이 있다: 굉장히 중요한 누군가가 혹은 무엇인가가 내 삶에서 없는 느낌이다.

나의 관심들은 내가 가지지 못한 것들로 기울여지고—멀리 있고 가질 수 없는 것들로—현재 나에게 없는 것들과 내가 가진 것들 중 불만족스러운 것들로 옮겨간다.

질투가 가장 큰 근원적 문제이다 늘 뭔가 부족하다는 느낌으로 인하여 자신에게 없는 것을 다른 사람이 가지고 있으면 부당하다고 느낀다. 그래서 누가 나보다 더 두각을 나타낼지 모른다는 두려움을 종종 상상한다.
만성적인 외로움과 갈망을 갖고 있으며 성공하면 애정을 원하고, 애정을 얻으면 고독을 얻고 싶어 한다. 어떠한 관계도 완전할 수 없다는 비관적 태도에 사로잡혀 모든 관계가 실패하는 것은, 자신에게 어떤 필수적인 요소가 결여되어 있기 때문일 것이라고 생각한다. 자신에게 없는 다른 것을 추구하기 때문에 현실에 잘 만족하지 못하고 삶에 주어진 작은 축복들을 알아차리기 힘들다.

회피해야 할 것: 간단한 눈물과 웃음을 주는 평범한 일상

나는 "평범한 감정들의 평탄함"과 평범한 사람들에 대해 불만족스러워 한다. 나는 모든 것을 강렬하게 해야 하며 드라마틱하게 하고 과장하고 감정들마다 격렬하게 하려고 한다. 격렬하지 않으면 감정은 현실적이지 못하고 진실 되지 못하기 때문이다.

남들과 똑같아지는 것에 공포를 느낀다.

사회규칙을 무시하기 쉽고, 다른 사람들이 강제로 시키는 일에 저항감을 느낀다. 획일적이고 얽매이는 공동체 생활을 힘들어한다.

나는 롤러코스터 같이 감정의 기복이 심하고 평범한 시련조차 비극적인 상황으로 만들 수 있는 생물로 되어버리는 경향이 있다. "다른 이들의 슬픔이 내 슬픔만큼 심할 수 있을까?"

전환 방법

내 자신과 내 주위 세상 안에 있는 모든 평범함은 인생의 모든 경험만큼이나 현실적이고 중요한 부분이라는 것을 인정함으로써 전환은 시작된다.

▶ 나는 진정한 자아를 찾는 유일한 방법은 나의 모든 부분들을—내가 보기에 내가 가장 잘 나 보일 수 있게 해줄 부분들만이 아니라—포용하는 방법 밖에 없다는 것을 배워야 한다.

▶ 나는 특별해지기 위해 굳이 포즈하거나 리허설을 할 필요가 없다: 남들과 비교하는 행위를 그만 두고 내 자신을 있는 그대로 내버려두면 되는 것이다.

ZIP 요약

축복	독특함
이상화된 자아 이미지	나는 다르다, 특별하다, 독특하다; 나는 예민하다
자아의 결함/ 강박증	Ego Melancholy
방어기제	예술로의 승화
열정	시샘
회피해야 할 것	간단한 눈물과 웃음을 주는 평범한 일상

제 **5** 강

머리 중심(유형 5, 6, 7)

머리 중심 **5** 다섯 번째: 관찰자

생각한다. 탐구적이다. 관조적이다. 지적이다. 진리를 추구한다. 신중하다. 관찰한다. 합리적이다. 논리적이다. 이해한다. 나서지 않는다. 철학적이다. 지각이 예리하다. 추상적이다. 분석가다. 아는 것이 많다. 혼자서 행동한다. 인색하다. 억제한다. 지나치게 초연하다. 말이없다. 대리체험을 한다. 저장한다. 경멸한다. 신경쓰지 않는다. 차갑다. 완고하다. 숨어있다. 탐욕스럽다.

축복과 왜곡

이 유형의 사람들이 가장 높게 평가하는 가치는 지혜이다: 모든 것을 알고 모든 것을 이해하는 것이다. 이것은 전지하시고 모든 것을 보시는 하느님의 모습을 본 뜬 것이라고 할 수 있고 이런 유형의 사람들은 지식에 대해 탐욕에 가까운 욕심을 가지고 있다. 이런 축복은 이것만이 인생 유일의 목적이 될 때 왜곡 될 수 있는데 이러한 경우이다.

- 분석적이며 지각이 있다.
- 생각이 많으며 깊고 관찰적이다.
- 자제력이 있고 현명하다.
- 초연하고 객관적이다.
- 정보를 많이 소지하고 있다.
- 나서지 않으며 예의바르다.

이상화된 자아 이미지

- 나는 지혜롭다.
- 나는 통찰력이 있다.

자아의 결함/강박증: Ego Stinginess

나는 내 사생활을 소중히 하고 혼자 있기를 좋아한다. 나는 무슨 일이 일어나는 지 생각해 볼 시간이 필요하고 되도록 그 과정을 혼자 하고 싶다; 나는 또한 해결방안 또한 혼자 생각하는 걸 좋아한다. 나는 보고 듣는 것, 관찰하고 생각하는 것, 정보를 모아서 기억하는 일을 좋아한다.

나는 바깥세상에서 무슨 일이 벌어지든 간에 나랑은 다른 세계라고 느끼며 어떻게 연결되어야 하는지 알지 못 한다. 나는 사교적인 자리에서 불편함을 느끼고 내가 사라졌으면 하고 자주 바란다. 나는 내가 잘 아는 소수의 사람들과 있거나 혼자 있는 것을 좋아한다.

나는 나의 부족한 사교성을 관찰과 생각하는 일에 지나칠 정도로 매달려서 만회한다. 나는 내 관점을 통해 살아간다; 내 감정들마저도 생각해서 느낄 지 말지를 결정한다: 나한테 무엇을 느끼고 있냐고 물으면 나는 내가 무엇을 생각하고 있는지 말해줄 것이다.

나는 '인생은 내가 이해해야 하는 것'이라고 생각하며 그것을 이해할 수 있다면 모든 일은 순탄하게 돌아가리라 믿는다. 그래서 나는 삶에 대해 주의 깊고 생각을 많이 하는 태도를 지니며 내 자신에게 만족한다.

나는 보통 조용조용하게 얘기하기 때문에 내 거리를 유지하는 사람으로 보이기 쉽다. 나는 초연하고 냉정하다는 인상을 주며 감정이 메말랐다는 인상 또한 준다.

나는 이론들과 시스템들, 지도와 계획들에 많은 흥미를 느끼며 많은 일들은 최소한의 단어로 요약하는 일을 즐겨한다. 나는 그 단어들이 남들에게 주는 정보가 얼마나 적은 지 생각해보지 않고 말하는 경우가 종종 있으며 더 많은 정보와 예와 자료를 주도록 설득당해야 하는 경우도 있다. 비록 말하는 속도는 그렇게 빠르지 않지만 나는 설명하는 것을 즐겨하기 때문에 가끔 당신은 당신이 미니 논문을 듣는 것 같은 착각에 빠질 수도 있다.

나는 굉장히 인내심이 강하고, 근면하며, 내가 하는 모든 일에 있어 철저하다.

현명하기 위해 모든 것을 '알고 이해하고 싶다'는 것에 집착한다. 끊임없이 지식을 끌어 모으고 세미나 등에 쫓아 다닌다.

항상 미래를 예측하고 대비하고자 한다. 현실에서 얻은 정보를 처리하기 위해 혼자만의 시간과 공간이 필요하며, 시간과 에너지 자원에 대해서는 탐욕적이다. 지적 활동에 대해서는 시간과 노력을 아끼지 않으나 타인을 위해 몸으로 직접 봉사하기는 꺼려한다.

수집욕이 강하고 신문, 잡지 관심 분야에 대한 노트나 책, 레코드 선물 등 수십 년 된 것들이 책상서랍 가득하다.

방어 기제: 고립

나는 내 감정을 얘기 하는데 곤란을 느끼며 그들이 무엇인지 조차 모르는 경우가 허다하다. 나는 내 경험들을 종류별로 정리하며 감정적이었던 사건이나 기억들로부터 자신을 멀리한다.

나는 나의 변덕이 낳은 감정들과 자발적인 이벤트에서의 반응들까지 조절해야만 한다. 나는 삶을 제 3자의 관점에서 바라보기를 원하며 이로 인해 내 자신의 삶에서 일어나는 사건들로부터 고립되는 현상을 초래한다.(이것은 내가 공포나 욕망에서부터 자유로운 관점을 유지할 수 있는 능력을 주기 때문에 좋은 점도 있다)

퇴행이 주된 방어기제인데 과도한 긴장이나 부적절한 행동으로 되돌아감으로써 자신이 느끼는 두려움에 대처하려고 한다. 감정이 얽힌 것을 해소하기 위해 퇴행한다. 지나치게 의존하거나, 숨거나, 권위자에게 지나치게 매달리거나 한다. 삶의 실재적 부분을 연관시켜 생각하기 보다는 부분으로 단편화시켜 분할하는가 하면 그것을 지적으로 추상화시켜 논쟁하려한다.

열정: 탐욕

나는 보통 내가 모을 수 있는 모든 지식과 이해한 물질들과 내가 살아가는 데 필요할지 모른다고 느끼는 모든 것들을 독점하고 놓지 않으려고 한다.

나는 받아들이는 행위를 내가 무언가를 내놓는 행위보다 훨씬 더 편안하게 여기며 내가 무슨 말을 해야 할 때는 말을 많이 아끼는 경향이 있다.

- 인색하다. 나누면 마음이 텅 빈 것 같다. 그래서 자신을 드러내기에 인색하다.
- 지식, 정보를 단지 비축하는데 여념이 없다. 사생활 공개 등의 사적인 노출을 거의 하지 않는다.
- 자신의 욕구에도 인색하다. 자신의 필요를 최소한으로 줄인다.(먹을 것, 입을 것)

회피해야 할 것: 공허함

내가 가장 두려워하고 벌레들만큼이나 피하고 싶어 하는 것은 공허함이다.

인생은 나에게 이해가 가야하는데 나는 가끔 그러지 못 할 까봐 두려움을 느낀다.
["백치가 지껄이는 이야기처럼 분노와 소리로 가득 차있지만 아무런 의미도 없는 것!!" 맥베스 V,5]

이것이 바로 내가 내 자신을 항상 새로운 지식과 통찰력으로 채워 넣으려는 이유이고 이미 가지고 있는 지식을 놓아주지 않는 이유이다.

전환 방법

전환할 수 있는 방법은 일단 무엇보다도 내 자신의 내면 안에 있는 공허함을 경험하고 그 것을 없애려고 하는 나의 행위들은 무의미하고 오히려 내게 해가 됨을 경험하는 일이다.

나의 두려움을 직시하는 것은 내가 느끼는 공허함이 지식으로 채워질 수 있는 것이 아니라 오직 삶과의 활발한 교류를 통해 채워질 수 있는 것임을 깨닫게 해준다.

내가 갈망하는 지혜는 그러한 이유로 살아가는 데에 있는 것이고, 그것이 바로 구체화된 지 혜인 셈이다: 말씀이 사람(육신)이 되셨다.

축복	지혜로움
이상화된 자아 이미지	나는 지혜롭다. 나는 통찰력이 있다.
자아의 결함/ 강박증	Ego Stinginess
방어기제	고립
열정	탐욕
회피해야 할 것	공허함

조심스럽다. 믿을 수 있다. 공손하다. 충성스럽다. 책임감 있다. 신뢰할만하다. 분별력 있다. 양심적이다. 신중하다. 명예를 존중한다. 권위를 의식한다. 결연하다. 준비되어 있다. 완고하다. 교조주의적이다. 의심한다. 초조하다. 소심하다. 보수적이다. 가이드라인이 있다. 최악의 상황을 가정한다. 우유부단하다. 경계한다. 근심이 많다. 규칙을 따른다. 도전한다. 확신이 없다. 공포/공포순응에 대항한다.

축복과 왜곡

여기서 주어진 축복은 믿음과 충성심이다. 하느님은 언제나 믿음으로 가득 차 있고 그것은 우리에게 기대되는 바이기도 하다: 믿음을 잃지 않고, 믿음직스럽고, 신뢰가 가는 사람.

이 세상은 기본적으로 믿음과 충성심을 필요로 한다는 점은 이 축복의 다양한 형태의 왜곡의 불안전하고 믿음직스럽지 못한 결과들을 보면 알 수 있다. 이 경험에서 널리 퍼지는 부분은 공포이며 이것은 두 가지 비교적 특수한 방법으로 자신을 명백하게 한다: 노골적으로 [phobic]그리고 비밀스럽게[counter • phobic].

- 충성적이고 간호적이다.
- 책임감이 강하고 믿을 수 있다.
- 꾸준하게 성실하게 노력한다.
- 남을 존중하고 배려한다.
- 항상 준비되어있다.
- 용감하다.

이상화된 자아 이미지

- 나는 성실하고, 충성스럽고 순종적이다.

자아의 결합/강박증: Ego Cowardice

공포는 내게 있어 중요한 이슈이며 항상 그 감정 때문에 곤란을 겪는다. 나는 언제나 긴장한 상태이며 도전이나 위협을 예상하고 있으며 나는 이것들로 인해 움츠러들거나 [phobic six] 이들을 상대로 내가 두려워하지 않는 다는 것[counter・phobic six]을 증명하기 위해서 그들을 상대할 것이다. 이러한 두려움은 아프지만 그와 동시에 익숙하고 안전하기도 하다. 이것이 없으면 나는 갑작스러운 공격들에 너무 노출되어 있을 것이다.

Phobic: 공포는 우리를 위협하고 약화시키는 경험이다.

나는 항상 조심하고 신중하며 내 자신을 보호할 준비가 되어있다. 나는 일들이 잘못 될 것이라 예상하고 있으며 나의 이러한 공포가 일들을 실패로 이끄는 이유가 되기도 한다. [머피의 법칙]

나는 삶이 내게 던져주는 도전들에 위협감을 느끼며 외적 틀을 이용해서 내 자신을 안전하게 하려고 한다: 강한 권력이나 법치집단. 나는 내 자신에 대한 믿음이 부족하며 외부의 힘이나 질서에 많은 의존을 한다.

나는 내 공포를 힘을 가진 자에게 호소함으로서 해소한다: "찾아봐…사전에, 문서에, 전례법규에, 그리고 법에 찾는 것이 있는지" 나는 법에 따라, 상식에 따라, 규칙에 따라 살아간다: 이것은 돌발 상황을 용납치 않으므로 안전하다. 난 법이 잘 제정된 집단을 선호하며 그들을 통해 내가 속한 사회/단체의 규칙과 전통/가치를 지지하려 한다.

나는 내 자신에 대해 굉장히 자신이 없어 하며 내가 의지할 수 있는 강한 집단이나 강한 집단내의 사람이 있으면 더 안정감을 느낀다. 나는 의심과 질문들을 감당해낼 자신이 없으며 전통이나 가르쳐주는 역할의 집단이 제시하는 정답들을 있는 그대로 받아들이는 것이 더 행복하다.

Counter・Phobic: 공포는 오히려 내가 나의 공포에 반기를 들게 해주는, 그래서 내가 두려워하고 있지 않음을 증명해주는, 원동력이 되어 주기도 한다.

"우리는 공포 그 자체 외에는 아무것도 두려워 할 것이 없다" (F.D. Roosevelt). 나는 내 두려움을 지속적으로 모든 부분에서 도전함으로 인해 없앨 것이다: 무모하게, 남들이 피하는 도전도하며, 내 자신과 남들에게 내가 겁쟁이가 아니란 것을 증명할 것이다.

나는 권력에 있는 자들에 대해 굉장히 의심을 많이 지니고 있다.

일반적인 특성들:

나는 습관적으로 긴장하고 두려워하고 의심스러워하고 억제되어 있다.

나는 성공에 대해 의심스러워하며 맡은 임무를 마무리하는데 있어 어려움을 겪는다.

나는 본능적으로 약자를 응원한다.

나는 의무에 충실하며 다른 이들도 충실하게 그들의 의무를 다하기를 예상한다.

나는 내 자신에 대한 믿음이 부족하다. 무슨 일이 벌어질지도 모른다는 상상은 나의 공포 중에서도 가장 심한 공포이다; 실제 상황이 닥치면 나는 오히려 잘 헤쳐 나갈지도 모른다.

나는 경계선, "내 편과 네 편"에 굉장히 민감하다: 굉장히 충성심이 높으며 내 편인 사람들에 대해 보호적이지만 그렇지 않은 사람들에 대해서는 조심스러워하고 의심스러워한다.

내 안에서 느끼는 불확실함, 머뭇거림 그리고 불안함은 내가 모든 상황에 대비해 준비하는 셀 수 없는 예방 조치에서 확실히 드러나며 다른 이들에게도 항상 조심하라고 얘기한다.

이러한 태도는 내 언변에서도 나타나며 내 말들은 내가 느끼는 불안감이나 두려움의 정도를 숨기려고 하는 편이다—확실해? 만약에 이렇게 저렇게 돼서 이러한 상황이 생기면?…

나는 또 다른 극단적인 태도인 굉장히 강경하고 완고한 태도로 내 의심과 두려움을 감추려고 하기도 한다.

방어 기제: 전달

나는 내 두려움과 의심을 다른 이들에게도 전달한다. [편집증세]
나는 다른 이들의 의도가 무엇인지 의심스럽고 그것을 시험해봐야 한다.

내가 남들에게 투영하는 힘으로부터 그리고 나의 권력으로부터 동떨어져 있다. 또한 나는 내 안에서 일어나는 어떠한 반항심이나 권력에 대한 의심으로부터 동떨어져 있으며, 그것과 만나면 그것에 대해 두려움을 느낀다; 어느 것을 택하든 나는 남들에게 그것을 전달한다.

내가 내 안의 반항심과 접촉이 드물수록 나는 내 자신과 다른 이들의 권력, 규칙을 지키는 것 등에 대해서 더 엄격해진다. 나는 스스로를 자경단원으로 만들고 정교와 전통의 수호자로 만든다. 나는 집단 내에서 권력을 행사할 때는 권위적이고 완고하고 주도적인 사람이 되기도 한다.

투사 • 자신이 수용하기 싫은 소망이나 충동을 다른 사람의 탓으로 돌리는 것을 말한다. 혐오감이나 공격성 혹은 수용하기 싫은 충동을 '그 사람 때문이지, 내 탓은 아니야' 라는 식으로 받아들인다. 이리하여 타인을 믿지 못하는 자신의 마음을 적의, 혐오, 부정적 생각으로 투사한다. 최악을 생각하는 부정적 상상력도 투사에서 비롯한다.

열정: 두려움과 의심

나는 언제나 방어적인 태도를 취하고 있으며 신중하고 조심스럽고 긴장되어 있으며 자신을 억제하고 있으며 상황을 두려워하고 있다.

나는 선택을 한 뒤 그것을 실행하는 데에 어려움을 느낀다. 나는 우유 부단하며 항상 준비는 하지만 속으로는 항상 준비 하지 못 한다. 나는 계속되는 의심과 자신에 대한 믿음 부족에 시달리고 있다.

내 깊은 곳에서는 나도 내 자신의 문제들이 깊이 박혀있는 두려움과 의심에서 비롯된다는 것을 알고 있기에 그것들을 숨기려고 많은 노력을 한다. 나는 이것을 무모하고 용기 있는 행동을 함으로써 행하거나[Counter • Phobic]; 아니면 권력과 지배적인 정교 그리고 법과 규칙들과 한 편이 되어서 모든 이들이 경계선을 넘지 못하게 확인함으로써 행한다[Phobic].

회피해야 할 것

- 권력에 대한 반항심 [Phobic]
- 두려움 [Counter • Phobic]

▶ Phobic:
나는 내가 외부에서 해답을 찾을 수 없는 의심과 질문들 그리고 두려움에 노출되거나 그들과 연결되는 것으로부터 피하기 위해 무슨 행동이든 할 것이다. 내가 피하면 피할수록, 혹은 이들을 상대로 고생할수록, 내 "충성심"은 더 깊어져 갈 것이며 나는 더 완고한 사람이 되갈 것이다.

▶ Counter • phobic:
나는 나의 두려움을 없애기 위해, 내가 속 깊은 곳에서 느끼는 불안감을 없애거나 가장하기 위해 무슨 일이든 할 것이다.

- 불확실성, 특별함, 단체에서의 일탈(불순종)을 피한다. 조직, 틀, 사람, 사상에 있을 때 안정감을 느낀다. 상황변화에도 불구하고 약속은 지켜야 한다. 한밤중에도 횡단보도의 신호등을 지킨다.
- 갑작스러운 변화와 모험, 도전을 좋아하지 않는다. 부동산 투자의 일확천금주의를 혐오한다.

열정(집착)

- 안전하고 확실해야 한다. 삶은 위험과 불확실함으로 가득 차 있다.(안전제일주의)
- 자신감이 없어 자기 의지대로 행동하는 것을 두려워한다. 그래서 외적인 권위 (조직, 법, 자기편, 신념)에 의존한다.
- 소속되어 있는 공동체에는 충실하나 외부인에게는 경계심이 많다. (우리 편, 우리 구역, 우리 본당, 집단 이기주의의 가능성이 농후하다.)
- 권위가 있을 땐 복종하나 그렇지 않을 때는 거역한다.
- 두려움과 공포가 많아 내적권위가 없어 남의 권위에 의존하기 때문에 최악의 상태까지 상상한다.
- 미래에 대한 걱정이 많다. 안정을 보장해줄 확실한 것을 찾는다. 보험도 믿을 수 없어 은행을 선호한다. 전망은 있으나 위험부담이 있는 곳에서는 일하기 꺼려한다. 그래서 공무원 같은 안정적 직장을 선호한다.
- 사소한 근심과 불필요한 의심으로 두려움에 시달린다.

전환 방법

내가 전환하는 방법은 나의 의심과 공포를 직시하고, 내 자신에게 한 발자국 더 다가가서 내 자신에 귀를 기울이고 믿음을 가지는 것이다.

나는 항상 외부의 지원과 정의에 의존하기 보다는 내 스스로 책임을 지기 시작할 필요가 있다.

내가 내 의심과 공포들을 인정하기 시작할 때 나는 내 자신을 더 믿을 수 있게 되며 신께서 내게 주신 내 안의 힘을 인지할 수 있다.

내가 내 두려움을 조사하고 의심스러운 부분들을 소리 내어 얘기 할 수 있게 된다면 나는 내 자신의 위치에 대해서 더 확실한 믿음을 가질 수 있게 되며 내가 속해있는 어떠한 집단이나 팀의 기둥 역할을 할 수 있게 될 것이다.

축복	믿음, 충성심
이상화된 자아 이미지	나는 성실하고, 충성스럽고 순종적이다
자아의 결함/ 강박증	Ego Cowardice
방어기제	전달
열정	두려움과 의심
회피해야 할 것	두려움/권력에 대한 저항

머리 중심 **7** 일곱 번째: 계획자

축복과 왜곡

이러한 유형의 사람들에게 인생이란 즐기는 것이다: 기쁨과 행복함만이 인생을 살아가는 방법인 것이다. 하느님은 유쾌하신 분이며 모든 이들이 즐겁기를 바란다; 그는 그의 창조물을 보고 그것이 좋음을 알았다—굉장히 좋음을—그리고 우리도 그와 같이 즐기기를 바라신다.

이러한 축복이 어떻게 왜곡될 수 있을까? 쉽다. 항상 즐거워야 하는 필요성을 느끼는 나머지 일상생활에서 필연적인 권태와 문제들을 모두 무시하고 매일매일 새롭고 즐거운 경험만을 찾아서 헤매는 것이다.

이상화된 자아 이미지

- 나는 괜찮다, 행복하다, 친절하다, 착하다.

  자아의 결합/강박증: Ego Planning

- 나는 항상 행복하려고 하며 내 주위 사람들도 항상 행복해하길 바란다;

- 나는 슬픔과 우울함을 배척하기 위해 무슨 행동이든 할 것이다.

- 나는 확실히 낙관주의자이며 언제나 좋은 면만 보이려고 한다.

• 나는 행복한 추억들을 음미하고 가끔은 그것에 매달리기도 하며 미래가 어떻게 하면 밝아질 것인지 항상 궁리한다. 곧 무지개나라의 사람들 중 하나이며, 약속의 땅에 있는 금으로 가득 차 있는 통을 찾기 위해서, 혹은 태풍 너머에 있는 차분함을 찾아서 살아간다.

• 나는 강한 자극을 필요로 한다: 다양한 활동들과 재미있는 일들이 가득 있어야 한다.
• 나는 억압받기 싫어한다. 나는 무엇인가 한 가지에, 한 프로젝트에 아니면 한 가지 행동에 깊이 헌신하는 것에 불편함을 느낀다. 일생을 바쳐야 하는 서약은 위협적이기까지 하다: 나는 항상 다양한 옵션을 가지고 있어야 하며 새로운 것이 생기면 옮길 수 있는 자유가 있어야 한다
["내일은 내일의 태양이 뜨니까.."]

• 나는 로맨틱하고 이상주의자이다, 일상생활들 보다 내 상상속의 세계에서 더 편안함을 느낀다. 동화들은 내게 있어 특별하다. 나는 가끔 내 실제 모습보다 더 유약하고 어려보일 때도 있다. 나는 언제나 활발하고 삶을 즐기고 있다는 인상을 주며, 나는 내 자신이 그렇게 해야 한다고 느낀다: 슬퍼 보이거나 우울해 보이는 것은 내게 괜찮지 않다.

• 나는 꿈을 꾸고 계획을 세우는 일을 즐기며, 다른 이들이 이 계획에 참여하도록 고무하는 걸 좋아하고 그것을 하면서 굉장히 열광적인 태도를 보인다. 하지만 세세한 부분들과 세부적인 내용들을 정할 때에는 금방 흥미를 잃고 안절부절못하며— '그건 내가 잘 하는 일이 아니야!'—다른 이들에게 맡긴다. 그리고 나는 마치 꽃 하나에 앉아있던 나비가 다른 꽃으로 날아가듯이 언제나 새로운, 즐거운, 흥미로운 일을 찾아 이리저리 옮겨 다닌다.

• 나는 해야 할 일이나 휴가, 여행, 파티, 만남, 시간표, 여행 스케줄, 조사 계획 등을 하면서 해야 할 것에 대한 목록을 작성하는 걸 좋아한다. 나는 계획과 현실의 차이점에 대해서 잘 생각해보지 않으며 굳이 선택을 해야 한다면 오히려 현실보다는 계획 쪽에 더 관심이 있으며, 더 힘을 얻으며, 더 선호한다.

• 나는 내 경험들을 '지성적으로 처리'하기를 좋아하며 항상 그것에 대해 생각하고 그것을 문서화하는 일을 좋아한다. 나는 실제 경험보다도 일이 어떻게 될 지 생각하면서 더 힘을 얻는다.

• 나는 사람들과 함께 있는 것을 즐거워한다. 나는 얘기하는 것을 좋아하고 사람들에게 농담을 말하거나 가십거리에 대해서 얘기하거나 하면서 사람들을 즐겁게 하고 쾌활하고 마음 편하게 해주고 나만큼 그들도 삶을 즐기게 해주고 싶어 한다.

방어 기제: 순화

나는 내 속 깊이 있는 아픈 감정들을 행복한 생각들로 대처한다: 얘기하고, 계획을 세우고 지성적으로 처리한다.

나의 경험이나 다른 이의 경험에서 그러한 감정을 피할 수 없게 되었을 때, 나는 그것을 이해하기 보다는 순화시키거나—철학 화시키거나 이론화시키거나 영화화한다—더 큰 계획의 일부분으로 만들어 버린다. '이것은 모두 결국 좋은 일이 될꺼야; 그것의 하느님의 계획이야. 이 모든 것은 하느님의 섭리야.'

합리화 • 실패나 상실 등 상처받은 자아를 그럴듯한 이유로 변명하는 것을 말한다. 높아서 따먹지 못한 포도를 신포도라고 변명하는 것이 그 예이다. 남에게 상처를 입을 가능성이 있는 것은 어떻게든 피하거나 부정하기 위해 자신의 행동이나 태도에 대해 변명한다.

열정: 폭식

나는 내가 즐기는 것들을 정말로 좋아하며 계속 더 많이 원하기 때문에 무엇인가가 좋으면 무조건 더 많이 느낄수록 더 좋을 것이라고 생각한다.

- 재미, 기쁨, 쾌락에 탐닉(폭식, 방종, 무절제)한다.
- 내면의 두려움과 공허감 때문에 외부의 것으로 자신을 채우려 한다.
- 흥분과 도취감을 유지하기 위해 기쁘게 해주는 것을 더 많이 요구한다. 더 많이 먹고, 마시고, 일하고, 표창을 받고, 아름다운 집에 살고, 더 많이 소유하려 한다.
- 금전감각이 없어 충동구매하기 쉽다.
- 모든 것을 과장해서 부풀린다.

회피해야 할 것: 고통과 시련

나는 즐길 수 없는 것과는 아무런 관계도 없기를 바라며 고통과 시련을 주는 것에 대해서는 특히 그렇다. 나는 그러한 점들을 내 삶에서 없애기 위해서 무슨 일이든지 할 것이며 그들에 대해 알고 싶지도 않고 내 세계에는 그들의 자리가 없다.

나는 언제나 유쾌하게 지내고 다른 이들도 행복하게 해주려고 노력한다. 나는 다른 이들이 슬프거나 우울해할 때 불편한 감정을 느낀다; 나는 주로 그래서 그냥 그러한 점들을 보기를 거부하고 농담을 터트리거나 이야기를 풀어놓음으로서 분위기를 가볍게 만들려고 한다.

어떠한 애매한 상황이라도 내가 자신을 방어할 때 애용하는 단어는 매력이란 단어이다. 나는 내 두려움에 그것과 관련된 사람들과의 관계를 발전시키면서 맞선다. 나는 농담을 던지면서 직접적으로 맞서는 상황을 피한다; 나는 어떤 상황이라도 말을 잘하면 빠져나올 수 있다고 믿는다.

나는 모든 부정적인 감정, 특히 분노를 배척하려고 하지만 비꼬는 표현이나 아이러니한 표현들을 통해 표현될 때도 있다.

전환 방법

전환은 내가 내 자신, 그리고 다른 이들의 아픔을 피하지 않는 것에서부터 시작된다. 나는 고통과 시련을 삶의 한 부분으로 인정하게 된다: 누그러뜨리거나 웃어넘기거나 어영부영 넘어갈 감정이 아닌, 있는 그대로 중요한 부분으로 인정해야 하는 것이다.

인생은 좋다, 하지만 항상 웃음으로 가득 차 있는 것은 아니다: 인생은 축복으로서 받아져야 할 것이며 하루하루마다 있는 그대로 받아드려져야 하는 것이지 우리가 좋아하는 부분만을 찾아다니면서 '선택할 수 있는' 것이 아니다 (케이크 안의 건포도처럼)

요약

축복	즐거움
이상화된 자아 이미지	나는 괜찮고, 행복하고 친절하다
자아의 결함/ 강박증	Ego Planning
방어기제	순화
열정	폭식
회피해야 할 것	고통과 시련

힘의 중심 성격역동의 1단계로 일상생활을 하면서 자신이 에너지, 힘을 얻게되는 중심되는 타고난 기질을 의미합니다.(머리중심/가슴중심/배중심)

특성 / 중심	머리 (5,6,7유형)	가슴 (2,3,4유형)	배 (8,9,1유형)
힘의 원천	사고(THINKING)	감정(EMOTION)	행동(BEHAVIOR)
별명	피하는 사람	위하는 사람	대항하는 사람
	물음표의 사람	느낌표의 사람	마침표의 사람
내부감정	두려움	수치심, 불안	분노
관계양식	일정한 거리감을 유지함	친밀감을 확인, 표현함	당연과 의무, 의리를 중시
관심과 의사결정	논리, 정보, 근거 등에 의한 객관적 의사결정	따뜻하고 정서적으로 관계에 따라 의사결정	규율과 정도에 맞는 도덕적 의사결정
대화스타일	딱딱하고 논리적인 말투	상냥하고 웃음이 있는 정서적인 말투	결론, 단정적인 말투
발달기관	시각	촉각, 미각	청각, 후각
관심갖는 주제	상황파악	사람	의지와 힘
시제	미래지향 (그러면 어쩌지?)	과거지향 (예전에 그랬었는데)	현재지향 (지금 그래)
선호하는 일	연구	봉사, 서비스	지도, 리더

제 6 강

에니어그램의 날개와 활용

에니어그램: 날개

날개란 성격유형 양 옆에 있는 유형/숫자들을 일컫는 것이다. 예. 9·1·2, 1·2·3, 2·3·4, 3·4·5 등등. 각자 유형들은 전환을 통해 내가 완성되는 일을 각자의 방법으로 도와준다.

자신과 자아

이러한 일체성은 자신에게 주어진 축복이지만 내가 누군가에 대한 의식과 자아중심적인 사람이 되면서 서서히 없어진다. 인생 초반기에 나의 중심은 내(자아)가 원하고 내 자신이 되었으면 하는 이미지로 인해 Self as given(내 안에 있는 하느님의 모습)에서 Self as taken(내가 받아들인 혹은 "잘못 받아들인)쪽으로 움직인다.

자아로써, 나는 다양한 상황들에 적합한 작전들을 구상해 나가며 세상과 나의 간격을 맞추어 나간다. 이 모든 것들은 내가 바라는 나의 이미지를 발전시키고 보호하기 위해서이다. 이러한 과정에서, 나의 인격(Persona)의 발달은 한 쪽 날개에 있는 특징들에 기대게 되고 더 선호하기 때문에 내 자아를 인식하고, 발달시키기 위해 그 유형들의 특성들을 고려하는 것이다.

바깥쪽 날개

이러한 이유로, 1번 유형인 나는 내 9번 날개나 아니면 내 2번 날개에 의지할 것이며 그들이 바로 우리가 흔히 말하는 나의 강한 날개나 바깥쪽 날개가 되는 것이다. 그리고 이러한 과정 끝에 양 쪽 유형과 날개가 합쳐지고 섞이면 나는 그저 1번 유형이 아닌 1·9번 유형이거나 1·2번 유형이 되는 것이다.

두 개의 날개 중에 어느 것이 더 강한 날개인지 나는 어떻게 아는가? 그저 나의 어린 시절, 특히 유아 시절을 기억하는 수밖에 없다. 내가 특정 상황이나 경험들을, 내가 새롭고 힘든 상황들을 이겨내는 법을 배워야 했을 때를 떠올리면서 내가 이것들을 어떻게 처리했는가를 살펴보며 현재에 대한 이해의 단서를 찾을 수 있을 것이다. 이러한 과정을 통해 나는 내 안에 남아있던 습관들—반응들과 비슷한 상황에 대처하는 방법—을 알 수 있을 것이다. 이들이 나 유형의 특징들일수도 있지만 그들에 대한 힌트나 단서를 나의 날개들 중 다른 날개에서 찾을 수도 있다.

삶의 전반기 동안은, 내가 나의 본능대로 살아가는 동안은— 최선을 다해서 조각하려고 할 나의 삶—내 유형과 내 바깥쪽 날개의 장점과 단점을 "바깥쪽 세상"에 대처하면서 모두 사용할 수 있으며 이는 내가 나를 어떻게 포장하여 보여줄 수 있는지, 내가 남들과 어떤 방법으로 어울릴지, 내가 어떤 방법으로 숨을 것인지, 내가 어떤 방법으로 나의 나약함을 보호할 것인지 결정 지어준다.

이는 삶의 전반기에서 꼭 일어나야 하는 발달과정이지만 후반기에 들어서는 진정한 중심, 자아를 찾아서 교정되고(전환) 평형하게 되어야 하며 이 과정에서의 중요하고 가치를 말로 표현할 수 없는 동맹군은 내가 그 동안 잊어왔고 나중에 나의 안쪽 날개로 불리는 것이다.

안쪽 날개

안쪽 날개의 장점(과 단점)은 항상 내가 손닿을 수 있는 곳에 있었지만 내가 만족스러운 자아/Persona를 만드는 데 집중하는 동안 대부분의 나의 내적 자아와 연결이 끊어진 관계로 잊혀 있었다.

중년의 권태는 보통 안쪽에서부터의 외침이라고 볼 수 있는데, 이는 그 동안 잊어 왔고 거부해 왔던 것들에 신경을 쓰기 시작하고 내 안의, 영적인 자원들을 관리하라는 외침이다. 그리고 내 안쪽 날개는 안으로의 여정에 중요한 역할을 수행할 것이다. 이러한 이유로 나의 다른 날개들에 대한 설명을 보는 건 내게 이로울 것이며 여기서 나는 내게 없는, 하지만 내 삶을 더 균형 잡인 삶으로 만들려면 반드시 필요한 성질이나 태도 등을 찾을 수도 있다.

날개		종류	날개	
1·9	스트레스에 마주치거나 시비가 붙으면 도망을 치려고 하거나 움츠러드는 경향이 있다. 수동적임. 차분할 가능성이 높음	1번	더 외향적인 성격을 지녔으며 남들이 그들한테서 어떤 영향을 받는지에 민감하게 반응	1·2
2·1	완벽주의자 기질이 있다.	2번	효율적이고 생산적이고 싶어할 것임	2·3
3·2	남들에게 일이 주는 압박이 어떤 영향을 미치는 지 살피고 그들이 필요한 것들에 대해 더 관심이 많을 것이다.	3번	그들의 일에 창의성을 불어넣을 것임	3·4
4·3	더 자신감에 차 있을 것이며 이벤트에 능할 것이다	4번	사려 깊은 면을 보일 것이며 자긍심이 낮을 것임	4·5
5·4	생각이라는 기능에 창의적인 표현이라는 효과를 넣어줄 것이다	5번	더 조심스럽고 안전에 신경을 더 많이 쓸 것임	5·6
6·5	더 조심스러울 것이다	6번	더 재미있고 낙관적일 것임	6·7
7·6	더 믿음직스럽고 충성스러워 질 것이다	7번	더 권위적이고 강압적이 될 수도 있음	7·8
8·7	굉장히 장난기가 심해서 모든 관심을 독차지 할 것이다	8번	느긋하고 차분하고 세상이 변하는 대로 지켜보는 면도 있을 것임	8·9
9·8	신경질이 날 때 더 거칠어 질 것이다. 양쪽 날개 모두 개입을 유도한다.	9번	훨씬 더 비판적일 것임. 양 쪽 날개 모두 개입을 유도함.	9·1

에니어그램/John Mccluskey

날개성향 자기 성격유형의 양 옆에 위치한 유형을 말하며 성격을 균형있게 발전하도록 돕는 역할을 한다. 잠재력을 개발할 수 있는 가능성의 영역이기도 하다.

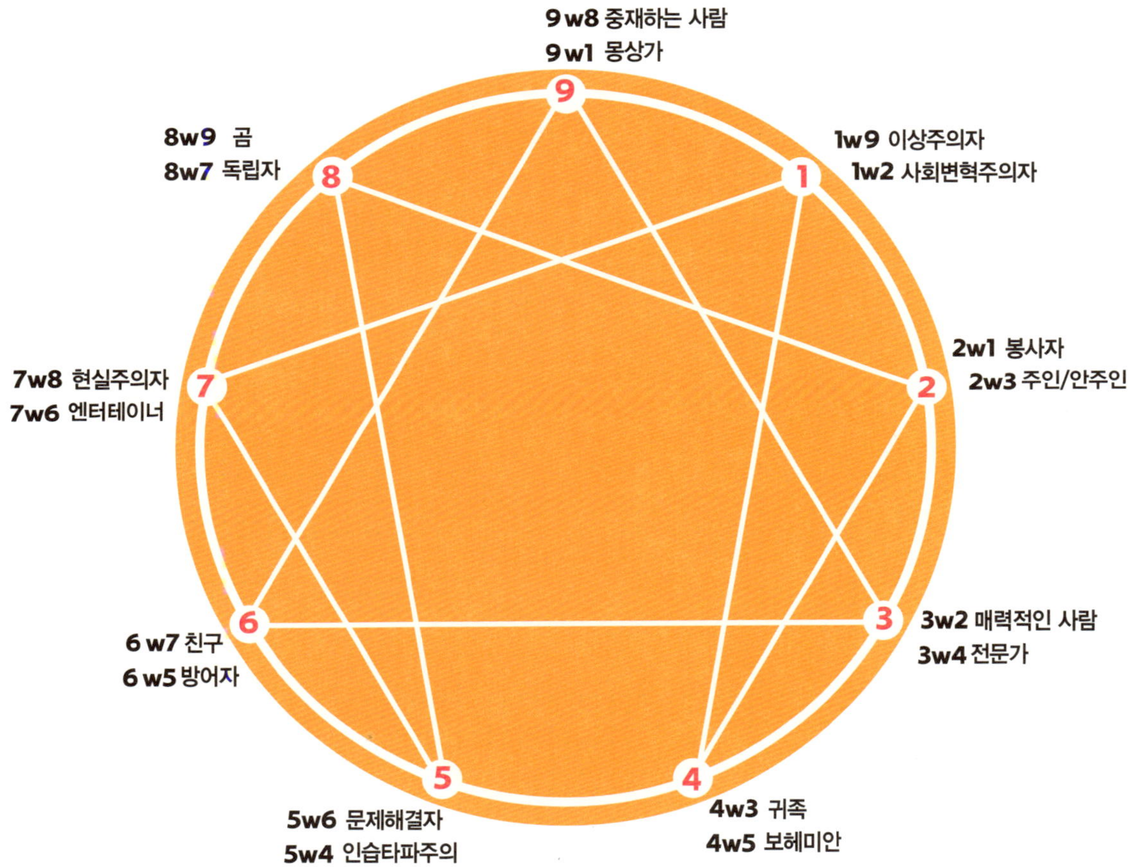

*한국가이던스, EPDI, 4쪽 참조

유형	날개영역	대략적 특징	
1유형	9 유형 영역	이상적인 사회를 실현하는 사람	☐
	2 유형 영역	사회변화를 주장하는 사람	☐
2 유형	1 유형 영역	봉사할 줄 아는 사람	☐
	3 유형 영역	안주인 / 주인	☐
3 유형	2 유형 영역	매력적인 사람	☐
	4 유형 영역	전문가	☐
4 유형	3 유형 영역	귀족적인 사람	☐
	5 유형 영역	보헤미안 같은 자유를 꿈구는 사람	☐
5 유형	4 유형 영역	안습에 저항하는 사람	☐
	6 유형 영역	문제해결에 능한 사람	☐
6 유형	5 유형 영역	방어 (분석, 준비)하는 사람	☐
	7 유형 영역	친구가 되어주는 사람	☐
7 유형	6 유형 영역	만능 재주군인 사람(에터테이너)	☐
	8 유형 영역	현실적인 감각이 있는 사람	☐
8 유형	7 유형 영역	독립적인 성향이 강한 사람	☐
	9 유형 영역	곰처럼 든든하고 편안한 사람	☐
9 유형	8 유형 영역	중재할 힘이 있는 사람	☐
	1 유형 영역	원대한 이상을 가진 사람	☐

제 **7** 강

에니어그램의 화살표

에니어그램 동그라미에 있는 선들로 신경을 돌리고 두 가지 패턴을 분석해 보자:

▶ 첫 번째는 각 중심들의 중심점인 9번과 6번 그리고 3번으로 이루어진 삼각형이다; 삼각형에서 움직임을 보여주는 화살표로는 9번에서 6번으로 움직이는 것과 3번에서 9번으로 움직이는 것이 있다.

▶ 다른 패턴은 나머지 숫자들이 정교하게 이어져 있으며, 1번에서 4번에서 2번으로 8번에서 5번 에서 7번에서 다시 1번으로 화살표가 이어지는 것을 발견할 수 있다...

우리는 이러한 패턴에 대한 설명을 할 필요가 없는데 이는 그것이 각 성격마다의 성장의 법칙을 발견하려는 우리의 궁극적 목표로부터 멀어지게 하기 때문이다.

우리 인생으로의 여행을 위한 지도

우리가 어떤 유형이든 한 가지는 분명하다: 우리는 원래 우리가 받은 축복을 한계가 있고 넘지 못할 선이 있고 왜곡된 무언가로 만들어 버렸다. 우리는 완전함을 위해 만들어졌지만 우리의 인생을 통해 겪는 경험들은 우리를 수비적으로 만들거나 우리의 전환을 더욱 절실 하게 하는 거친 행동을 하게 압박을 준다. 에니어그램은 그들의 인생동안 자신이 어떠한 길 을 선택해 왔는지 자각하려고 하는 사람들에게 있어 가치를 측정하기 힘든 지도를 제시하 여 주며, 어떤 전환의 길, 완전한 존재가 되기 위해서 그/그녀가 택해야 하는 길, 을 선택 할 수 있는 지 보게 해준다.

화살표와 함께 혹은 그와 반대로 움직이기

화살표와 함께 혹은 반대로 움직인다는 말은 이런 말이다.

▶ 화살표와 함께 움직인다는 말은 움직이기 가장 쉬운 방법을 의미하며, 가장 저항이 적 은 선을 따라 움직이는 것을 의미한다; 그리고 대체적으로 우리는 살아가면서 이러한 패턴 을 볼 확률이 높다.

▶ 화살표와 반대로 움직인다는 말은 더 어려운 동작이며 물결을 거스르는 행동과 같다; 하지만 우리는 왜곡되고 균형 잡이지 못한 사람이 되어버린 우리 자신을 고치기 위해서 꼭 해야만 하는 행동이다.

우리는 각자의 유형마다 이러한 의미가 어떤 의미를 가지고 있는지 간단하게 알아볼 것이 며 9번, 6번 그리고 3번을 이어주는 삼각형에서부터 시작하여 다른 유형들로 넘어갈 것이 다. 어떤 경우에서든 "움직인다."라고, 함께이든 반대로이든, 했다고 지금 내 유형에서 다 른 유형으로 넘어가는 것을 의미하지는 않는다. 이는 단지 내 자신 안에 숨어있는 성질들 중 내가 연결되어 있는 유형들의 더 뚜렷한 장점과 단점인 부분들을 발달시킨다는 말이다.

- **통합** 각 유형은 심리적으로 안정된 상태가 지속될 때, 통합방향에 있는 유형의 긍정적인 성향을 보인다.
- **분열** 각 유형은 심리적으로 스트레스 상태가 지속될 때, 분열방향에 있는 유형의 부정적인 성향을 보인다.

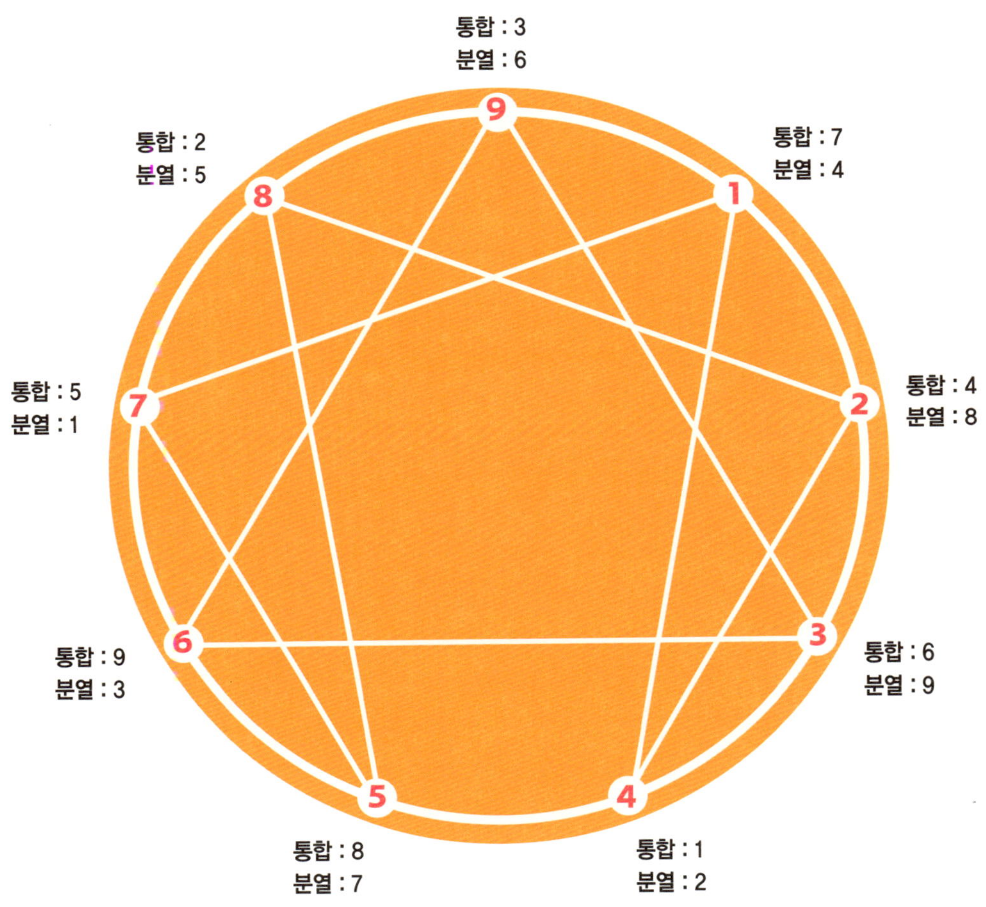

통합방향

긍정적인 태도/성장/만족감과 안정감/패턴으로부터의 자유

1 → 7 → 5 → 8 → 2 → 4 → 1 → 9 → 3 → 6 → 9

분열방향

부정적인 태도/퇴보/스트레스 상황/충동적, 강박적 행동

1 → 4 → 2 → 8 → 5 → 7 → 1 → 9 → 6 → 3 → 9

*한국가이던스, EPDI, 5쪽 참조

안쪽 삼각형: 9·6·3·9

9번(나는 안정되어 있어: 다툼을 피한다)

화살표와 함께 6번으로 간다.	화살표와 반대로 3번으로 간다.
그들은 당황하게 하는, 도전적인 그리고 위협적인 행동으로부터 더욱 자신을 보호하려고 하며 이런 행동은 6번에 동요하는 걸로 이루어진다. 그들의 게으름과 수동적인 성격과 더불어 6번의 머뭇거리는, 자제하는 그리고 우유부단한 성격까지 더해진다.	3번의 자신감과 근면함은 꼭 필요한 부분이며 9번 유형을 도전적인 상황과 맞서게 해주는 성질이다. 9번의 장점은 그/그녀를 내부적 혹은 외부적 갈등이 있는 상황에서 무슨 대가를 치르고서라도 평화를 유지하려는 성질보다는 합의점을 찾아내려는 노력으로 이어진다.

6번(나는 충성스러운 사람이다: 두려움과 의심을 피한다)

화살표와 함께 3번으로 간다.	화살표와 반대로 9번으로 간다.
그들은 절실히 필요한 자신감을 3번의 지나치게 자신감 넘치는 태도, 언제나 그/그녀가 성공한 사람임을 입증하려고 하는, 를 장착함으로써 얻으려고 한다. 그들의 무조건적인 복종과 무조건적인 권위에 대한 충성심에는 이젠 3번의 성공을 향한 쉴 새 없는 추격과 실패에 대한 두려움이 더해지게 된다.	6번이 필요한, 절실히 필요로 하는 자신감은 오로지 그들 안에서 찾을 수 있으며 그들만의 권위를 인정함으로써 이루어 질 수 있다. 그들은 그들이 그들의 두려움과 의심을 받아들이고 그들의 문제를 외부가 아닌 그들 자신의 능력으로 해결하려고 할 때에 비로서야 마음의 안정을 얻을 수 있게 된다.

6번(나는 충성스러운 사람이다: 두려움과 의심을 피한다)

화살표와 함께 9번으로 간다.	화살표와 반대로 6번으로 간다.
그들은 게으름에서의 탈출 혹은 휴식을 그들이 지쳐 나갈 때나 실패가 눈앞에서 어른거릴 때조차 차분하게 있을 수 있는 성질의 9번 유형을 통해 얻고자 한다. 그들이 실패를 무조건 피하는 성질은 이젠 어떠한 도전조차 거부하고 수동적이고 가식적인 평화를 선택하는 9번 유형과 결합하게 된다.	3번 유형들은 오로지 그들이 믿고 있는 가치들에 대한 충성심이나 하고자 하는 열정을 그것의 성공할 확률이나 인기보다 더 가치 있게 생각하는 것에서부터 비롯된다. 그들은 그들의 이미지에 대한 걱정을 버리고 그들이 보이고자 하는 자신감에 찬 이미지를 냉정하게 보게 해주는 감정들을 인지하고 인식해야 한다.

안쪽 삼각형: 1·4·2·8·5·7·1

9번(나는 안정되어 있어: 다툼을 피한다)

화살표와 함께 4번으로 간다.	화살표와 반대로 7번으로 간다.
그들은 자신을 발전하고자 할 때 4번 유형들이 보이는 멜랑콜리하고 과장된 시련을 배우며 온 세상이 그들을 지치게 하는 것 같은 느낌을 받는다. 그들의 끊임없는 분노는, 그들이 부정하거나 합리화 시키려고 하는, 더욱 더 그들을 향해 파고들며 그들은 이로 인해 한없이 멜랑콜리하고 모든 것에 좌절감을 느끼는 사람이 될 수도 있다.	사람들은 침착해지고 인생을 즐기며 계속되는 시련과 욕망과 7번 유형의 특징인 유쾌하고 장난스러운 심성의 균형을 맞출 필요가 있다. 그들은 자신의 장점을 보고 축복할 필요가 있으며 타인과 세상을 넓게 보고 단순히 안 끝난 작업이 있다는 사실을 인정해야 한다: 창조는 아직도 진행 중이다.

4번(나는 특별하다: 평범함을 거부한다)

화살표와 함께 2번으로 간다.	화살표와 반대로 1번으로 간다.
슬픔과 외로움을 떨쳐버리기 위해 그들은 2번 유형의 이타적인 성격을 통하여 그들의 인생을 중요하고 특별하게 만들려고 한다. 이러한 행동의 결과로 그들은 정작 그들이 필요한 부분들과의 연결고리를 놓치게 되고 그들의 현실적인 감정으로부터 그들 자신을 더욱 더 고립시키는 결과를 낳는다.	4번 유형인들의 자신의 필요한 부분에 대해 드라마틱하고 과장되게 묘사하는 습관은 1번 유형의 엄격하게 정확하고 솔직한 자료, 언행 등을 요구하는 성격을 통해 고칠 수 있다. 더 거칠고 성실한 1번 유형의 힘, Striver,이 쉽게 외로움을 타는 4번 유형의 단점을 고치기 위해 필요하다.

2번(나는 도움을 잘 준다: 자신의 욕망을 자제한다)

화살표와 함께 8번으로 간다.	화살표와 반대로 4번으로 간다.
이 현상은 그들이 남들을 위해 힘을 쏟은 다음에 아무도 자신을 위해 남들한테 해주는 만큼 해주려는 사람이 없고 자신의 도움을 당연시 여길 때 화가 나기 시작하면서 나타나는 현상이다. 남들을 위해 너무 오랫동안 그들 자신의 욕구와 감정을 참아왔기 때문에 8번 유형의 복수를 하려는 본능을 본 따서 거칠고 남들과의 관계에서 "까칠"해지기 시작한다.	그들은 "나는 너무 특별해서 남들보다 내 자신을 먼저 생각할 줄도 알아야 해, 남들에게 아니라고 말하고 나에게 응이라고 말할 줄 알아야 해. 내가 느끼고 원하는 것은 타인의 감정이나 욕구만큼이나 소중해" 라고 말하는 법을 배워야 한다. 2번 유형이 4번의 아름다움과 예술, 음악, 영화, 문학 등에 대한 감성을 배운다면 그것 또한 많은 도움이 돼 줄 것이다.

8번(나는 강하다: 나약함을 피한다)

화살표와 함께 5번으로 간다.	화살표와 반대로 2번으로 간다.
이런 현상은 그들의 수많은 복수들을 바라보며 공허함과 허무함을 느낄 때 일어난다. 그들은 그들의 힘을 거부하기 시작하고 그들만의 세계로 빠져들며 5번 유형이 그렇듯 모든 것을 포기하고 모든 일에 좌절한다. 그들의 나약함과 결합해서 이들은 이젠 5번 유형의 공허함에 대한 공포 때문에 괴로워하기 시작하고 지루함을 벗어나고자 하는 노력에서 그들은 더 "음란한" 모습을 보이기 시작한다.	그들은 이를 통해 그 동안 그들의 힘에서 부족했던, 심지어 거부했던, 친절함을 장착한다. 그들은 언제나 남들을 향해 힘을 쓰기 보다는 남들을 위해 힘을 쓰기 시작할 필요가 있다: 그리고 그들을 위해 싸울 때만 사용하는 것이 아니라 그들 자신을 2번 유형이 그렇듯이 보살피는 데에도 사용하기 시작해야 한다.

5번(나는 지혜롭다: 공허함에 대한 거부)

화살표와 함께 7번으로 간다.	화살표와 반대로 8번으로 간다.
이는 그저 행동하기 보다는 생각만 하려고 하는 그들의 본능을 더 강화할 뿐이다. 그들은 활발하게 활동하기 보다는 그것을 사유하고, 일반화하고, 영화시킨다. 그들의 감정과는 이미 멀어진 상태인 그들은 7번 유형이 느끼는 어떠한 종류의 아픔과 시련과도 마주치지 않으려는 과잉보호의 본능을 이어받는다.	5번 유형들은 그들의 은둔 생활을 벗어나서 그들의 의견을 말하고 그들이 믿는 바를 지키고 남들과 교류를 하기 시작하고 그들과 입장을 주고받으며 영향을 미칠 필요가 있다. 이러기 위해서 그들은 8번 유형에 의해서 예증될 수 있는 독립심과 자주성 그리고 강한 힘으로 그들을 교정할 필요가 있다.

7번(나는 행복하다: 아픔을 피한다)

화살표와 함께 1번으로 간다.	화살표와 반대로 5번으로 간다.
이는 그들의 인생이 그들이 꿈꿔왔던 이상과는 다르다는 것을 깨닫고 세상은 그들의 놀이터가 아니라는 현실에 마주치게 되면 나타나는 현상이다. 실망감과 좌절감은 세상과 그들의 인생 그리고 그들의 생각과 다른 타인들에 대한 반감으로 나타난다; 그리고 그들의 보통 재미있는 유머감각은 1번 유형의 유머의 특징인 날카롭고 비판적인 특색을 띄기 시작한다.	5번 유형은 이들이 절실히 필요한 규율과 신중함을 제공하여 계획만 세우고 꿈만 꾸는 그들의 한계를 넘어 다른 이들에게 맡겨 두었던 구체적인 부분들에 대한 분석과 세부적인 조사를 할 수 있게 해준다. 5번 유형의 고립적인 성질, 진지함, 그리고 신중함은 벌보다는 나비가 되려고 하는 이들의 경향을 바로잡아줄 수 있다. 우리는 5번이 7번에게 해주는 일은 1번이 4번에게 해주는 일과 똑같다고 하기도 한다: 목표를 설정해주고, 힘을 효율적으로 집중하고 분산해주기 때문이다.

에니어그램/John McCluskey mhm

유형	통합 / 분열		대략적 행동	
1유형	통합	7 유형영역	자신과 타인에 대해 수용적임, 여유로운 모습, 휴식을 취함	
	분열	4 유형영역	자존감이 낮고, 자기 비하적인 모습, 우울, 극단적인 모습	
2 유형	통합	4 유형영역	심사숙고하는 태도, 자신의 감저으 내면탐색, 홀로있음, 편안함	
	분열	8 유형영역	신경질적인, 공격, 의심, 고립, 남을 지배, 요구와 비난	
3 유형	통합	6 유형영역	협력적, 집단, 공동체를 중시하고 신뢰로움, 이타적 도움	
	분열	9 유형영역	우유부단, 여러가지 일을 벌여두고 부산해짐, 무기력해짐	
4 유형	통합	1 유형영역	객관적 논리적인 현실, 실질, 계획적 (이상과 실천)	
	분열	2 유형영역	자기 중심적, 과도한 의존, 자기 욕구 감추고 부정	
5 유형	통합	8 유형영역	자신감이 생김, 현실에 직면, 상황을 받아들임, 자발적 행동	
	분열	7 유형영역	새로운 계획을 떠맡음, 잡다한 일을 함, 충동적인 결정과 행동	
6 유형	통합	9 유형영역	전체적으로 연관된 사고, 동정심, 넓은 아량, 마음	
	분열	3 유형영역	분주해지고 일에 집착, 극단적인 목표설정, 무리하게 일함	
7 유형	통합	5 유형영역	집중력이 생김, 진지함, 심사숙고, 고통직면, 책임감	
	분열	1 유형영역	완벽하려고 애씀, 비판적, 냉소적, 현실 외면	
8 유형	통합	2 유형영역	타인에게 자신을 개방함, 따듯하마과 부드러움, 약자를 대변함	
	분열	5 유형영역	타인 관점 거부 의기소침과 몰두, 자신의 감정 무시	
9 유형	통합	3 유형영역	정력적, 생산적인 태도, 자기 관리, 목적의식	
	분열	6 유형영역	걱정, 근심, 수동적 태도, 갈등상황 자구 만듦	

참고서 목록: 에니어그램에 대한 소개

저자	제목	출판사	년도
Baron & Wagele	The Enneagram Made Easy	Harper San Francisco	1994
Bergin & Fitzgerald	An Enneagram Guide, A Spirituality of Love & Broke—ness	SDB Media Dublin	1993
Hurley & Dobson	What's My Type, Using the Enneagram of Nine Personality Styles to Discover Your Best Self	Harper San Francisco	1991
Kelley, Sr Mary Helen	Skin Deep, Designer Clothes by God	Monastery of St Clare Memphis	1990
Keyes Frings Margaret	Emotions & the Enneagram, Working Through Your Shadow Life Script	Molysdatur Publications, Ca	1992(개정판)
Nogosek Robert	The Enneagram Journey to New Life	Dimension Bks, NJ	1995
Palmer Helen	The Enneagram, Understanding Yourself & the Others in Your Life,	Harper San Francisco	1988
Palmer Helen	The Enneagram in Love & Work, Understanding Your Intimate & Business Relationships	Harper San Francisco	1995
Riso Don Richard	The Enneagram, Discovering Your Personality Type	Houghton Mifflin, Boston	1987
Riso Don Richard	Understanding the Enneagram, The Practical Guide to Personality Types	Houghton Mifflin, Boston	1990
Riso Don Richard	Personality Types, Using the Enneagram for Self · Discovery	Houghton Mifflin, Boston	1996
Rohr & Ebert	Discovering the Enneagram, An Ancient Tool for a New Spiritual Journey	Crossroad, NY	1990
Rohr & Ebert	The Enneagram, A Christian Perspective	Crossroad, NY	2001(개정판)
Wagner Jerome	The Enneagram Spectrum of Personality Styles	Metamorphous Press, Oregan	1996
Webb Karen	The Enneagram	Thorsons, London	1996

리소 · 허드슨 QUEST 해설

조합	유형	특징	조합	유형	특징
AX	7	열정적인 사람	BZ	5	탐구자
AY	8	도전하는 사람	CX	2	돕고자하는 사람
AZ	3	성취하는 사람	CY	6	충실한 사람
BX	9	평화주의자	CZ	1	개혁가
BY	4	개인주의자			

3rd Step

기도와 묵상의 시작 그리고 성장

기도의 자세

우리는 기도학교로 부르심을 받으면서 먼저 기도하는 사람이 되기를 결심해야 한다. 기도는 이론이나 개념이 아니라 삶이고 실재이다.

기도의 초보자는 누구인가?

- 기도의 중요성을 아직 깨닫지 못한 사람
- 기도할 때 못 견디도록 싫증을 내는 사람
- 기도문과 암송기도 없이는 기도할 수 없는 사람
- 기도가 그리스도인 생활 중에서 첫째가 아니라 여러 가지 중 하나라고 여기는 사람
- 기도를 의무로 생각하는 사람
- 쉽게 기도를 그만두는 사람
- 기도를 견딜 수 없는 하나의 짐으로 생각하는 사람
- 기도를 돈이나 행복을 가져다주는 도구처럼 사용하는 사람
- 언제나 기도의 위로만을 갈망하는 사람

참다운 기도를 시작하고 싶다면 이제부터 매일 15분의 시간을 내고 (어떤 기도문을 사용하는 시간 외에) "주님 이 문제 있어 제가 해야 할 일이 무엇입니까?", "주님 말씀하십시오! 당신 종이 듣고 있습니다!" 말씀드린다. 이제 천천히 시간을 증가시켜 나간다. 이러한 기도의 자세 가운데 몇 가지 살펴보아야 할 규칙이 있다.

01

기도는 하느님과의 인격적인 관계이다. 즉 '너'와 '나'의 관계이다.

기도가 힘들어지는 이유는 두 인격간의 만남이 이루어지지 못하고, 흔히 나 자신도 부재중이거나 하느님 역시 멀리 떨어져 있는 분으로 생각한다.

많은 말을 하기 보다는 몇 마디 안 되지만 뜻 깊은 말을 사용한다.
예) 아버지! 구세주이신 예수님!, 길이요 진리요 생명이신 예수님!

02

기도란 성령의 힘으로 이루어지고, 성령으로 지탱되며, 하느님과의 다정스런 친교이다.

"너희 아버지께서는 구하기도 전에 벌써 너희에게 필요한 것을 알고 계신다!" (마태오 6,8)

"성령께서도 나약한 우리를 도와주십니다. 우리는 올바른 방식으로 기도할 줄 모르지만, 성령께서 몸소 말로 다할 수 없이 탄식하시며 우리를 대신하여 간구해 주십니다" (로마 8,26)

03

기도를 위한 가장 간단한 길은 감사하는 법을 배우는 것이다!

'감사'한다는 것은 "만족"한다는 것이다. 우리에게는 늘 어떠한 기대가 있다. 이것이 채워지면 '만족한다'라고 말한다. 하지만 그 기대가 채워지지 못하면 우리는 불만을 가지게 된다. 불만은 불안을 만들고, 불안은 (내적으로)분노를 만들고, (외적으로)관계의 갈등을 만든다.

따라서 감사는 자신의 주어진 처지에 대한 긍정이다. 이 긍정의 힘이 기도를 가능하게 만든다. 약속의 땅을 정탐했던 여호수아와 칼렙의 긍정의 길은 약속의 땅을 그들에게 돌려놓았지만, 자신들 스스로를 메뚜기로 비하하고, 부정의 길을 걸었던 자들은 모두 염병(저주)에 걸렸다. 우리는 생명과 지혜, 신앙이라는 큰 선물을 받았다.

04

기도는 사랑의 체험이다.

어떤 사람에 대한 사랑은 말이나 편지나 그 사람을 생각하는데 있는 것이 아니라, 무엇보다 그 사람을 위해 힘든 어떤 것이나, 그 사람이 받을 만한 권리가 있는 것이나, 또는 기다리고 있는 것이나, 적어도 그가 좋아하는 그 어떤 것을 기꺼이 해주는 데에 있다.

주님을 사랑함에 있어 "주여! 주여!" 라는 말을 되풀이 하는 것 보다는 "아버지의 뜻"을 실천하는 사람이 참된 기도를 하는 사람임을 기억해야 할 것이다.

"주여! 저에게서 무엇을 원하십니까? 주여, 저에게 만족하십니까? 주여 이 문제에 있어 당신의 뜻은 무엇입니까?" 이렇게 물어나간다. 참된 기도는 기도 후 반드시 어떠한 실천을 만들어 낸다. 곧 생활에의 변화로 돌아온다.

05

기도란 하느님의 권능을 우리의 미약함과 비겁함 안에 스며들게 하는 것이다.

"그 분에게서 강한 힘을 받아 굳세게 되십시오!" (에페소 6,10)
"나에게 힘을 주시는 분 안에서 나는 모든 것을 할 수 있습니다!" (필리피 4,13)

우리의 매일의 현실(의무, 어려움, 부족)을 살펴보고 하느님의 뜻에 진실되이 비교해 보는 것이 중요하다. 흔히 우리가 하느님께 청하는 그것을 진정으로 원하지 않기에 기도가 우리에게 힘을 주지 못한다.

기도할 때 우리는 우리를 초조하게 하는 구체적인 문제에서부터 즉, 가장 시급한 일이나 문제부터 출발하는 것이 좋다. 하느님께서는 당신의 뜻에 맞추기를 원하신다. 사랑한다는 것은 말이나 한숨을 쉬는 것이 아니라 그분의 뜻을 찾고, 헌신적으로 실천하는데에 있다. 기도는 행위를 위한 준비이고, 출발이며, 행위를 위한 빛과 힘이다. 우리 행위를 하느님의 뜻을 진실되이 찾는 데에서 부터 출발하게 하는 것이 시급한 일이다.

06
순박한 현존의 기도 혹은 침묵기도를 위해서는 높은 집중력이 필요하다!

현존의 기도, 침묵의 기도는 하느님 대전에 있으면서 말과 생각과 상상을 제거하고 그분의 현존 안에만 머물도록 평온하게 노력하는 것이다. 기도의 가장 중요한 문제는 정신집중이다. 이것은 의지적이며 지적이다. 단 한 가지 생각, 주님의 현존 안에 있다는 생각에 집중하면서 상상을 끊어야 한다.

샤를 드 후고 신부는 "사랑하면서 하느님을 바라보고, 하느님께서 사랑으로 나를 바라보신다!", "우리는 그분 안에서 살고 움직이며 존재합니다!" (사도 17,28) 라는 말씀을 되새기며 성체 앞에서나 조용한 곳에서 눈을 감고 우리를 감싸고 있는 그분의 현존에 잠기도록 노력한다.

07
기도의 핵심은 듣는 것이다.

"마리아는 주님의 발치에 앉아서 말씀을 듣고 있었다. 시중드는 일에 경황이 없던 마르타에게 예수께서 '마리아는 참 좋은 몫을 택했다!'라고 말씀 하신다. 듣는 다는 것은 사랑의 행위이다. 우리 안에 죄와 나태와 거짓이 차 있을 때 하느님의 말씀을 듣기가 어려울 뿐 아니라 우리 역시 하느님의 말씀을 듣고자 하는 원의를 가지기 어렵다. 그 분은 우리가 원할 때 말씀하시는 것이 아니라 그분이 원하실 때 우리에게 말씀하신다는 점을 기억하라!

08
육신도 기도하는 법을 배워야 한다.

엎드려 하는 기도, 장궤, 몸이나 손 짓, 몸을 움직이는 기도의 개발도 상당히 중요하다. 기도는 음성(말)으로만 이루어지는 것이 아니다. 등을 곧게 펴서 장궤하여 어깨를 펴고, 팔에 힘을 빼어 아래로 늘어뜨리고, 눈을 감거나 성체를 똑바로 바라보는 것 등 육체의 다양한 변화를 줄 수도 있다. 팔을 들어 올리는 기도, 큰 소리로 하는 기도!(홀로 있을 때)도 다양하게 활용해 보아야 한다.

09
기도에 있어 장소, 시간, 육신은 내면세계에 가장 큰 영향을 주는 외적 3요소이다.

"예수께서는 기도하시려고 산으로 나가시어, 밤을 새우며 하느님께 기도하셨다"
(루카 6,12)
"먼동이 트기 전에 일어나 외딴 곳에 가시어 기도를 하고 계셨다" (마르코 1,35)

기도를 하기 위한 시간과 장소는 상당히 중요하다. 어떤 성당은 다른 성당보다 기도하는데 도움이 된다. 또한 자기 집에서도 기도할 수 있는 공간을 잘 만들고 확보해야 한다. 이것은 집중의 문제를 만들 수 있다.

시간도 문제가 될 수 있다. 일과 중 어떤 시간에 깊이 집중할 수 있는 지 일정한 시간에 기도를 습관들이는 것이 중요하다. 습관은 필요성을 느끼게 하고 기도할 마음을 가지게 한다.

010
복음서는 우리에게 기도에 대해 가르친다. 그리고 기도하는 사람들이 성서의 주요한 부분을 차지한다.

　-예리고의 맹인
　-백부장의 믿음
　-가나안의 여인
　-야이로

–하혈하는 여자
–라자로의 동생 마르타
–아들의 죽음으로 울고 있는 과부
–간질에 걸린 아들을 위해 기도하는 아버지

기도가 효과적이기 위해서는 "용서"가 필요하다(마르코 11,25). 또한 항구해야 한다 (루카 18,1). 또한 믿음을 가지고 해야 한다(루카 18,1). 우리가 기도할 때에 '믿고 구하는 것은 무엇이든지 다 받을 것이다!' 라는 믿음으로 기도해야 한다.

"구하라! 받을 것이다, 찾으라 얻을 것이다! 문을 두드려라 열릴 것이다. 누구든지 구하면 받고 찾으면 얻고 문을 두드리면 열릴 것이다. (…) 너희는 악하면서도 자기 자녀에게 좋은 것을 줄 줄 알거든 하물며 하늘에 계신 너희의 아버지께서야 구하는 사람에게 더 좋은 것을 주시지 않겠느냐?" (마태오 7,7–11)

기도의 단계

기도에는 성장과정이 있다. 방법과 적용이 있고, 성장과 발전이 있다. 마치 산에 오르듯이 기도에는 구별되는 단계들, 과정들이 있다.

01
'빈 말'의 단계

"너희는 기도할 때 이방인들처럼 빈 말을 되풀이 하지 말라!" (마태오 6,7)

아무렇게나 드리는 묵주기도, 급하게 드리는 미사. 아무렇게나 행하는 성사, 습관화된 영성체와 고해성사, 이러한 기도 안에서는 성장과 변화는 없다. 이것은 슬픈 일이고, 모욕이고, 이단이라 할 수 있다. 많은 사람들이 이러한 단계의 기도에 묶여 있는 것이 사실이다. 우리는 이러한 단계에서 헤어날 수 있을까?

02
'독백'의 단계

독백은 자기 자신에게 말하고 자신의 말에 맞장구를 치는 것이다. 누구와 통하는 것이 아니다. 독백은 하느님의 현존을 체험하지 못한다. 하느님은 너무나 멀리 계시는 분이기에 살아있게 체험되지 않는다. 너무나 멀리 떨어져 있어 존재하지 않는 것처럼 느끼게 된다.

03
'대화'의 단계

하느님과 함께 비로소 대화를 시작할 때 비로소 기도한다고 말할 수 있는데, 이것은 또 독백과 어떻게 구별 할 수 있을까? 하느님이 우리를 들으시고, 보시고, 사랑하시며, 답하시는 살아있는 한 인격체로 받아들여질 때 참된 기도의 길에 들어서기 시작한다. 이때에 비로소 우리는 그분과 참으로 통교하고 그분께서도 우리와 참으로 통교하실 수 있다.

이제 이 단계에 이르러 커다란 변화가 생겨나는데 앞의 단계에서는 기도의 핵심이 우리 자신이었으나 이제는 그분께서 기도의 핵심에 자리잡기 시작하셨다. 우정이 싹트기 시작하고, 양심을 성찰하게 되며, 그분과의 연결 다리가 생겨난다. 그분은 이제 우리 삶에 개입하기 시작하시고, 우리는 어루만지기 시작하시며, 회복시켜 주시고, 변화시켜 주신다.

이리하며 참된 진보의 길에 들어서며, 이 길을 성실하게 걸어간다면 악을 끊고 덕으로 나아가게 될 것이다. 그것은 위선이나 가식이 아니다! 진실한 삶으로 보여지며, 성령의 열매로 맺혀진다. 우리는 집중하는 법을 배우게 되고 놀라운 결실을 얻게 될 것이다.

04
'들음'의 단계

어떻게 들을 수 있을까? 먼저 자신을 정화해야 하고, 교만을 꺾어 버릴 수 있어야 한다. 우리가 가지고 있는 가면(Persona)을 벗어야 한다. 자신의 미약함을 용감하게 있는 그대로 바라보고, '검은 것은 검다!', '흰 것은 희다!'라고 말 할 수 있어야 한다. 하느님께서는 이제 말씀하신다! 하느님께서는 몇 가지 길을 통해서 우리에게 다가오신다!

1) 정신

'깨달음'이다. 아주 분명한 방법으로, 새로운 빛 안에서 문제가 무엇인지 깨닫게 되고, 내가 가지고 있는 정신의 착각들이 무너지면서 평화가 깨어진다. '불안'은 하느님의 것이 아니다. 예) 우리들의 소유욕과 집착에 대한 예화(원숭이, 심장)를 듣고—깨달음을 얻었다면—나의 소유와 집착에 대해 바라보게 되고, 내 안에 평화롭다고 생각된 부분이 무너져 내린다. —나의 마음의 방황과 불안, 두려움(재물에 대한 집착에 따른)을 바라 볼 수 있다면, 나는 변화할 수 있다. 이러한 깨달음은 하느님께서 '정신'을 통해서 오시는 것이다.

2) 의지

하느님께서는 원의를 주신다. 인간에게는 욕구(갈망)가 있다. '그 사람이 무엇을 갈망하는가!' 는 그 사람이 '누구'인지를 말해준다. 그 욕구는 의지로 이행하고, 행동으로 표현된다. 무엇을 해야 하는지 깨닫고, 그것을 할 수 있는 힘을 가지게 된다.

의지를 가능하게 하는 것은(선한 행동에 대한) 성령의 역할이다. 의지를 가지기 위해서는 생각과 말과 행동의 의미와 가치를 발견할 수 있어야 한다.

3) 감동

오랜 시간 동안 기도한 후 강한 기쁨의 순간을 체험하게 된다. 기쁨, 평화가 밀려들 때가 있다. 구체적이고 좋은 열매가 뒤 따른다면 이 감동은 하느님과의 참 친교에서 오는 것이 확실하다. "열매를 보고 나무를 알 수 있다!" 라는 말에서처럼, 하느님과의 친교의 이 순간들이 우리를 열심해 지게하며, 애덕에 있어 성장하게 하며, 이기주의를 끊어버리게 하고, 우리를 겸손해 지도록 한다면 바로 이 열매가 있는 것이다.

4) 감정

하느님께서는 항상 우리의 감정이 좋아하는 식으로만 말씀하시지 않으시고, 때로 후회와 불쾌감과 허무감을 통해서도 말씀하시는데 우리는 이를 좋아하지 않는다. 우리 자신의 부족함을 느끼는 그 자체가 이미 하느님의 활동이고, 은총의 선물인 것이다. 하느님께서는 응답을 기다리신다.

5) 상상

우리들의 생활에 있어 하느님께서 아주 명백한 방법으로 말씀하셨다고 확신할 수 있는 밝은 빛을 가졌던 순간이 있다. 이 자리에 와 있는 우리들은 이러한 체험들을 한 두 번은 가지고 있을 것이다. 아니 바로 이 자리에서 상상해 볼 수도 있을 것이다.

6) 기억

하느님께서는 어떤 때 과거에 있었던 일을 회상하게 함으로써 우리에게 그 영향을 미치게 해 주신다. 슬픔과 기쁨, 실패와 성공, 받았던 충고, 들었던 말, 조언, 보거나 받았던 표양들, 본 것들, 배운 것들... 잊어버렸던 이러한 것들을 통하여 말씀하신다. 때로는 우리가 많이 사랑하였던 과거에 대한 향수를 느끼게 하거나 혹은 잘못과 죄에 대한 쓴 맛을 다시 느끼게 함으로써 우리에게 말씀하신다.

수련1. 고요함의 풍요로움

침묵은 위대한 계시이다. 침묵은 몸과 마음이 고요해 지는 것이다. 우리가 다른 이들을 판단할 때 그 모든 것들이 우리 안에 있음을 알아야 한다. 그래서 다른 이가 죄를 지을 때 격분하지 않고 오히려 자기 죄를 기억해야 한다. 심리학자들은 다른 이에 대해 불평하는 것은 곧 우리 자신 안에 그와 같은 것이 있다는 것을 드러내는 것이라고 말한다. 자신의 진리를 바라보는 대신 자신의 어두운 면과 억압된 원의를 다른 이에게 투사(Project)하고 그들에 대해 끊임없이 불평하는 것이다. 다른 이를 바라보면서 침묵하는 것은 명백한 자아인식을 가능케 함으로써 자신의 잘못을 다른 이에게 더 이상 투사하지 않는 것이다.

침묵은 자기 만남의 길, 자기 마음속의 진실을 발견하는 길이다. 침묵은 또한 끊임없이 타인을 심판하고 판단하는 길에서 자유로워지는 것이다. 우리는 언제나 모든 사람들을 평가하고 비판하고 판정한다. 그러나 침묵은 우리를 자신과 대결하게 함으로써 남을 판단하지 못하게 한다. 침묵은 우리의 어두운 면들을 다른 이에게 투사하는 것을 막아준다.

01

편안한 자세를 취하고 나서 눈을 감으십시오.

- 10분 동안 고요하게 계십시오.
- 먼저 전적인 고요함을 가능한 한 마음과 정신의 고요함을 지니도록 하십시오.
- 그런 후에 고요함이 갖다 주는 계시가 어떤 것이든 그 계시에 자신을 드러내 보이십시오.
- 10분 후에 눈을 뜨고 어떤 계시가 있었는지 생각해 보십시오.

10분이 지나면 눈을 뜨겠습니다. 그리고 원하시는 분은 10분 동안 자기가 무엇을 했고 무엇을 체험했는지를 모두에게 이야기 하십시오.

02

다시 눈을 감고 마음이 방황하는 것을 의식하십시오. 단 2분 동안 만.

이제 당신으로 하여금 당신의 마음이 방황하는 것을 알 수 있게 해주는 그 고요함을 감지하십시오.

눈을 감으십시오.

다시 5분 동안, 고요를 지니도록 노력하십시오.

- 그리고 나서 이번에는 더욱 성공적이었는지 아닌지를 보십시오.
- 침묵이 무엇을 계시해 줍니까?
- 먼젓번에는 알아채지 못한 것을 이번에는 알게 되었는지 보십시오.

깨우침

'우리들이 침묵에 전혀 익숙하지 않다!' 라는 사실을 깨달아야 한다. 아무리 애를 써도 끝없는 방황을 멈출 수 없고, 마음속의 혼란한 감정을 잠재울 수도 없다. 하지만 여기에서의 중요한 깨우침은 내가 방황하고 있다는 사실을 깨닫고 체험해야 한다.

의식 속에 떠오르는 모든 것을 바라보십시오! 그 일들이 아무리 케케묵고 평범한 것들이라 하더라도…이제 여러분은 여러분의 움직임을 의식하기 시작했다는 것입니다.

수련2. 소음을 감지, 인식하기(하느님의 움직임의 포착)

01
눈을 감으십시오.

엄지손가락으로 귀를 막고 나머지 손가락으로 눈을 덮으십시오.
이제는 주위의 소음이 하나도 들리지 않을 것입니다.
당신의 숨소리를 들으십시오.
열 번 힘껏 숨을 쉰 후에 조용히 두 손을 무릎위에 놓으십시오.

눈을 그대로 감고 있으십시오.
이번에는 주위의 모든 소음을 귀여겨들으십시오.

가능한 많은 소리들을
큰 소음, 작은 소음,
가까운데서 나는 소리,
먼데서 나는 소리를…
이제 잠시 동안 이 소리를 (발자국소리, 시계소리, 자동차 소리) 하나 하나
분간하지 말고 들어 보십시오.

이 모든 소리들이
하나의 세례를 이루고 있는 듯이,
전체적으로 들어보십시오.

02

주위의 모든 소음에 귀를 기울이십시오.

가장 작은 소리까지도 주의해서 듣도록 하십시오.
한소리는 종종 서로 다른
많은 소리들로 이루어져 있습니다....
각각 고저와 강도에 변화가 있습니다....
이러한 미묘한 차이를
얼마나 느낄 수 있는지 보십시오....

이제 주위 소음을 듣는 일보다는
당신이 듣고 있다는 사실을 인식하십시오.

당신이 들을 수 있는 능력이 있다는 것을
깨달았을 때 어떻게 느껴집니까?
고마움.... 찬미.... 기쁨.... 사랑.... ?

이제 소리의 세계로 돌아오십시오...

그리고 계속해서
한번은 소음을 의식하고,
한번은 당신이 듣고 있다는 사실을
의식하십시오...

이제 각 소리가
하느님의 전능하신 힘에 의해서 생기고 지속된다는 것을
생각해 보십시오...

하느님께서
당신 주위에서 "소리를 내고" 계십니다.
이 소음의 세계에서 쉬십시오...
하느님 안에서 쉬십시오.

수련3. 몸의 감각

01
편안한 자세로...눈을 감으십시오!

자기 어깨에 닿는 옷의 감촉을 의식하십시오!

의자 등받이에 닿아 있는 자신의 등을 의식하십시오!

자기 손이 무릎위에 닿는 느낌이나 놓여져 있는 느낌을 의식하십시오!

자신의 엉덩이가 의자에 닿아 눌려 있는 것을 의식하십시오!

자신의 발이 구두에 닿아 있는 것을 의식하십시오!

자신의 몸을 의식하십시오!
어깨, 등, 오른 손, 왼손, 엉덩이 발......
(각 부분에 2-3 초 가량 머무는 것입니다. 그 이상은 의미 없음입니다.)

기도에 있어 가장 큰 적의 하나는 신경이 긴장하는 것입니다.
이 훈련의 목적은 긴장을 이완시키기 위한 것입니다.

수련4. 호흡하기와 호칭을 외우는 묵상

01

너의 호흡은 너의 가장 훌륭한 친구이다. 어떤 곤경에 처하든지 다시 호흡에다 마음을 모아라, 그러면 네 마음을 달래주고 너를 인도해 줄 것이다.

† 주 예수 그리스도님
– 저의 사랑 –저의 평화 –저의 구원 –저의 희망 –저의 생명 –저의 피난처 –저의 위로!

같은 호칭을 호흡에 맞추어 반복해서 외운다. 혹은 한 번 외우고 잠시 침묵 속에 그 호칭 안에 사랑스럽게 머물고, 얼마 후 다시 외우고, 침묵 속에 머물며, 그것을 반복한다.

얼마 후 방법을 바꾸어 예수님이 나를 부른다고 상상하고

† 가브리엘 (마리아!. 데레사!, 로사리아!, 세실리아!)
–나의 기쁨 –나의 평화 –나의 희망 –나의 생명 –나의 전부

계속해서 예수님이 나를 부른다고 상상하며 호흡을 맞추어 같은 호칭을 반복해서 부른다.
내 안에 어떤 감정과 반응, 느낌이 다가오는지 서로 이야기를 나누어 본다.
이 방법은 생활 속에서, 계속적으로 기도로 실천 할 수 있다. 걸으면서, 어떤 작업을 하면서 수련할 수 있다.

수련5. 주님의 말씀을 외우는 묵상

01
**예수님이, 복음서에 나오는 다음 말씀 중에
하나를 되풀이해서 반복하고 계신다고 상상–**

✝ 나를 사랑하느냐?

✝ 나를 믿느냐?

✝ 무엇을 원하느냐?

✝ 나를 따르라!

✝ 십자가를 져라!

✝ 모든 것을 바쳐라!

✝ 두려워하지 말아라!

✝ 나다, 안심하여라!

호흡을 맞추어 계속해서 반복한다.

그 말씀이 더욱 커지고, 내 온 몸 구석구석에 이르고 있음을 상상한다.
내 마음과 몸을 이 말씀이 가득채운다고 상상하고, 나를 일깨우고 흔들고
감동시키고 있음을 상상한다.

4th Step

기도1. 갈릴레아로 돌아가기

상상 속에서 하느님의 좋으심을,
그리고 당신에 대한 하느님의 사랑을 체험했던
장면들로 돌아가십시오....

어떤 식의 체험이든지 간에....
그 장면 속에 머무르면서
다시 한 번 하느님의, 사랑 안에 잠기십시오.

이제 현실로 돌아와서
하느님과 이야기 하십시오.

> 또는 하느님을 매우 가깝게 느꼈던 일을
> 돌이켜 보십시오....
> 또는 당신이 강렬한 영적 기쁨과
> 위로를 느꼈던 일을...

그 일을 그냥 회상만 하는 것이 아니라, 상상 속에서
다시 한 번 그 일을 체험하는 것이 중요합니다.

> 필요한 만큼 충분히 시간을 가지십시오....
> 그러면 당신이 그 당시 체험했던
> 느낌들을 다시 맛보게 될 것입니다.
> 기쁨이든 절친함이든 사랑이든...
> 그런 다음, 그 느낌에서 도망가지 말고
> 할 수 있는 한 오래 그 느낌 속에
> 머물러 있어야 합니다.

> 당신이 만족스러움과 평화로움을
> 느낄 때까지 그 안에 머무르십시오.
> 그리고 나서 현실로 돌아오십시오.....

> 잠시 동안
> 주님과 대화를 나누고 이 기도를 끝내십시오.

기도2. 한을 풀어 버리기

십자기에 달리신
예수님을 본다고 상상하십시오....
그분을 선명하게
상세히 상상하는데 필요한
시간을 충분히 가지십시오....

이제 당신이
분개한 장면으로 가십시오....
잠시 동안
그 장면에 머무르십시오....

십자가에 박히신
예수님께 돌아와서
그분을 다시 바라보십시오.

당신이 한을 갖게 된
그 사건과
십자가상의 예수님의 장면을
계속 번갈아 보십시오....
원한이 당신에게서
미끄러져 나가고
이에 따르는 자유와 기쁨과
가벼운 마음을 느낄 수
있을 때 까지.

기도3. 이냐시오식 묵상

묵상준비로 잠시 마음을 고요히 가다듬읍시다.

이제 베짜타라고 하는 못을 상상하십시오.
다섯 개의 행각.... 못.... 주변....
시간을 충분히 갖고서 전체구조를
될 수 있는 한 생생하게 상상하십시오.
그 장소를 보고 있다고 생각합시다....
어떤 곳입니까?
깨끗합니까? 또는 더럽습니까?
넓은 곳입니까? 좁은 곳입니까?
건축구조는? 날씨는?

장소를 파악했으면
이제 모든 장면이 생기를 띠게 합시다.
못 근처에 있는 사람들을 보십시오....
사람들이 얼마나 많습니까?....
어떤 종류의 사람들입니까?.... 옷은?....
무엇들을 하고 있습니까?....
어떤 병으로 고생들을 하고 있나요?....
무슨 이야기들을 하고 있습니까?....

이 광경을 마치 화면위의 영화를 보듯이
밖에서 관찰만 하면 안됩니다.
당신도 그 안에 들어가 있어야 합니다....
당신은 거기서 무얼하고 있습니까?....
왜 이곳에 왔습니까?....
그 곳 광경을 보고 이 사람들을 볼 때
어떤 느낌이 듭니까?....

당신은 무엇을 하고 있습니까?....
누군가하고 이야기를 하고 있습니까?....
누구하고?....

이제 복음에서 이야기하는 그 병자를 보십시오....
그 사람은 군중들 속 어디에 있습니까?....
어떤 옷을 입었습니까?....
그에게 걸어가서 이야기를 하십시오....
당신은 그에게 무슨 말을 합니까?
또는 무엇을 물어봅니까?....
그가 뭐라고 대답을 합니까?....
시간을 내어서 그의 생활과 사람됨을 가능한 한
자세히 알아보십시오....
그는 어떤 인상을 줍니까?....
그와 이야기하는 동안 어떤 느낌이 듭니까?....

당신이 그와 이야기하고 있는 동안 당신은
곁눈으로 예수께서 이곳에 들어오시는 것을 봅니다.
그분의 행동과 움직임을 모두 유의해 보십시오....
어디로 가십니까? 어떻게 행동하십니까?....
그분이 어떻게 느끼신다고 생각됩니까?....

이제 그분이 당신과 그 병자가 있는 쪽으로
오시고 계십니다.....
지금 당신기분이 어떠십니까?....
그분이 그 병자와 이야기 하고자 하시는 것을
알고 당신은 옆으로 벼켜섭니다....
예수께서 그 사람에게
무슨 말씀을 하십니까?

그 사람이 뭐라고 대답합니까?....
두사람의 대화를 모두 들으며
복음에 나오는 이야기들과 연관시키십시오....

특히 예수님의 질문을 생각해 보십시오.
"낫기를 원하느냐?"......
이제 그 사람에게 일어나서 걸으라는
예수님의 명령을 들으십시오....
그 사람의 첫 반응을....
그가 일어나려고 애쓰는 모습을....
그 기적을! ....
그 사람의 반응을 보십시오....
예수님의 반응을 보십시오....
그리고 당신 자신의 반응을....

이제 에수님은 당신께 돌아서십니다.....
당신과 이야기를 하십니다.....
방금 일어난 기적에 대해서 그분께
말씀 드리십시오....

당신은 어떤 병으로 고생하고 있습니까?....
신체적, 정서적, 영성적으로?....
예수님께 그것에 관하여 이야기 하십시오
예수님이 무슨 말씀을 하실까요?....

그분께서 "낫기를 원하느냐?"고 하시는
말씀을 물으십시오.
당신이 낫기를 원한다고 말씀드릴 때
진심에서 하는 말입니까?....
치유의 결과를 모두 감당할 준비가

되어 있습니까?
이제 은총의 순간이 왔습니다....
당신은 예수님이 당신을 낮게 하실 수 있고
당신을 낮게 해 주시고자 한다는 것을 믿습니까?
당신은 이일이 여기모인 모든 이름의 믿음 때문에
이루어질 것이라는 것을 믿습니까?....
그렇다면 그분이 당신위에 손을 얹으시고
전능하신 치유의 말씀을 하시는 것을 들으십시오.
기분이 어떻습니까?....
당신은 지금 들은 그 말이
정말 당신에게 영향을 미치리라고 믿습니까?
지금 당장은 아무것도 확실하게
감지하지 못한다 해도
사실상 당신에게 이미 영향을
미쳤다고 믿습니까?

이제 잠시 동안
예수님과 함께
조용히 기도를 하십시오....

기도4. 삶의 가치

지금, 당신은 며칠 전의 검사결과를 보러
병원으로 가고 있다고 상상하십시오.
담당의사가 오늘 그 결과를 알려 줄 것입니다.
검사 결과를 통해 당신의 병이 중병인지
아닌지를 알게 될 것입니다.
병원을 향해 가고 있는 당신 심정이
어떤지 느껴보십시오.

이제 당신은 대기실에 앉아,
간호원이 당신 이름을 부르기를 기다리고 있습니다.
대기실에 있는 다른 사람들의 모습을 보십시오.
호명되기를 기다리는 심정이 어떻습니까?

당신 이름을 부릅니다....
의사 사무실을 둘러보십시오....
가구며 진찰대며.... 의사를 자세히 보십시오.
얼굴 생김새며 옷이며....
그는 어떤 사람입니까?

그는 말하기 시작했고
당신은 그가 뭔가 감추는 듯한 기미를 느낍니다....
그래서 당신은 다 털어놓고
솔직히 이야기해 달라고 합니다....
그러자 그는 동정어린 눈으로
당신이 불치의 병에 걸려있다고 합니다....

당신은 앞으로 얼마나 더 살 수 있는지를 묻습니다.
의사는 말합니다. 「달 정도 아직 활동을 할 수
있겠고, 두 달 가량은 병상에서 지내게 될 겁니다.」

당신은 이 소식을 어떻게 받아들였습니까?
어떤 느낌입니까?... 잠시 그 느낌 속에 머무르십시오.
이제 병원에서 나와 거리로 나갑시다....
계속 그 기분을 간직하십시오....
거리를 둘러보십시오.... 사람이 많습니까?....
또는 한산합니까?.... 날씨는 어떻습니까?....
어디로 가고 있습니까?....
누군가와 이야기를 하고 싶습니까? 누구하고?....

결국 당신은 집으로 돌아왔습니다.
어머님께 뭐라고 말씀드리겠습니까?....
다른 식구들에게 결과를 알리고 싶습니까?....

어머니는 당신이 남은 두 달 동안
무엇을 하며 지내겠는지 물어보십니다....
원하는 대로 해주실 의향이 있으신....
무슨 일을 하겠습니까?....
어떻게 남은 (활동이 가능한)
두 달을 보내겠습니까?

가족과 저녁을 먹고 있습니다....
이제 텔레비전을 보고 있습니다.
가족이 이 결과를 압니까?....
그들과 함께 있는 것이 어떻습니까?

이제 방으로 가서 가장 가까운 사람에게
오늘 일을 알리는 편지를 쓰십시오....
뭐라고 쓰겠습니까?....
편지 내용을 마음속으로 지금 작성해 보십시오...

이제 밤입니다.... 모두들 잠자리에 들었습니다....
당신은 방에 혼자 있습니다.
예수님이 안에 계신다고 상상하고
잠시 그분을 바라보십시오...
뭐라고 말씀드리겠습니까?
그분께서 뭐라고 말씀하십니까?....
당신의 심정이 어떻습니까?....

의사가 당신의 눈을 검사하고 그 결과를
알려주게 되었다고 상상하십시오.....
앞의 기도 방법에서처럼 병원안의
모습을 생생하게 그려보십시오....

의사말이 당신의 시력은 점점 약해져 가고
있고, 어떤 약으로도 구제할 길이 없으며
더더구나 서너달 안에 당신은
장님이 될 것이라고 합니다....
어떤 느낌입니까?

이제 당신은, 보고 기억해둘 기간이
두세 달 밖에 안 남았다는 것을,
그리고 다시는 보지 못하리라는 것을 알고 있습니다.
눈이 멀기 전에 무엇을 특별히 보고 싶습니까?

곧 영원히 눈이 멀게 되리라는 것을
알고 있는 지금,
당신은 어떻게 사물을 보고 있습니까?

이제 당신은 참으로
장님이 되었다고 상상 하십시오....
당신은 장님으로서 어떤 삶을

살고 있습니까?....
충분히 시간을 갖고
당신의 상태와 느낌을 느껴보십시오....

상상 속에서,
장님으로서 하루를 지내십시오.
아침에 눈을 뜨고 일어나 세수를 하는 순간부터
밤에 자러갈 때 까지....
식사를 하고,
책을 '읽고'
사람들과 이야기를 하고,
산책을 가고....
장님으로서 말입니다....

이제 눈을 뜨고서
당신이 볼 수 있다는 사실을
깨달으십시오....
기분이 어떻습니까?....
하느님께 뭐라고 말씀 드리겠습니까?

기도5. 당신의 육체에게 작별인사를

이제 당신이 숨을 거두기 직전에
모든 사람에게 마지막 고별인사를 했다고
상상하십시오.
그리고 이제 생의 한 두 시간 밖에
남아있지 않다고,
당신은 이 시간을 자신을 위해서,
그리고 하느님을 위해서
남겨 두었다고 합시다.

그럼 자신에게 말을 하기 시작하십시오.
당신 몸의 각 부분에게 말을 하십시오.
손에게, 발에게, 심장에게, 뇌에게, 허파에게....
마지막 고별 인사를
이들 모든 부분에게 하십시오....
아마 당신은 평생처음
이들을 눈여겨 보는지도 모르겠습니다.
이제 당신은 죽어 가고 있는데....

당신의 수족 하나하나를 사랑하십시오....
예를 들면 오른손을....
이손이 이제껏 당신에게 봉사한 것을
감사하십시오....
이 손에게
그가 당신에게 얼마나 소중한 것인가를
말하십시오....
얼마나 그손을 사랑하는 지를....

이제 곧 먼지로 돌아갈 그손에게
모든 사랑을 베풀고
감사하십시오...
이런 식으로 당신의 몸의 각 부분에게,
그런 다음에는
당신 몸 전체에게
사랑과 감사의 정을 나타내십시오.

이제 당신은
가까이 계시는 예수님을
보고 있다고 상상하십시오.
그분께서 당신의 각 지체에게
일생동안 베푼 모든 봉사에 대해서
감사하시는 것을 들으십시오.
그분께서 당신의 온몸을
그분의 사랑과 감사로
채우시는 것을 보십시오....

이제는 그분께서
당신에게 말씀하시는 것을
들으십시오.

기도6. 당신의 장례식

장례식이 거행되는 성당 안에 있는 관속에
당신의 몸이 누워 있는 것을
스스로 보고 있다고 상상하십시오.
당신의 몸을 잘 보십시오.
특히 얼굴 표정을....

이제 당신의 장례식에 온
사람들의 얼굴을 모두 보십시오....
천천히 한사람씩 한사람씩 살펴보십시오....
각 사람 앞에 멈추어서
그가 무엇을 생각하고 있는지,
어떻게 느끼고 있는지를 보십시오....

이제 강론을 들으십시오.
누가 강론을 하고 있습니까?
그 사람이 당신에 대해서 뭐라고 말합니까?

당신은 그 사람이 말하는
당신의 좋은 점을
모두 받아들일 수 있습니까?....
아니면 그 사람 말에서
어떤점을 받아들일 수 없는지
유의하십시오....
그가 한 좋은 말 중에서
쉽게 받아들일 수 있는 말들은
어떤 것들 입니까?
그가 말하는 것을 들을 때
어떤 마음이 듭니까?....

당신의 장례식에 모여든
친구들의 얼굴을
다시 한 번 보십시오....

그들이 장례식을 마치고
집에 돌아가서
당신의 좋은 점들을 이야기하게될 것을
모두 상상해 보십시오...
지금은 기분이 어떻습니까?....
그들이 각각 집으로 돌아가기 전에
그들에게 하고 싶은 말이 있습니까?...
그들이 생각하고 느끼고 있는 것에 대한
마지막 답변으로 고별 인사를 하십시오.
저런, 이젠 아무 말도
당신은 들을 수가 없겠군요.
그래도 말을 하십시오.
그리고 이렇게 말하고 나니까
기분이 어떤지 보십시오....

이제 장례식이 모두 끝났다고
상상하십시오.

당신은 당신의 몸이 누워 있는
무덤 위에 서서
친구들이 묘지를 떠나가고 있는 것을 바라보고
있다고 상상하십시오.
지금 기분이 어떻습니까?

여기 이제 이렇게 당신의 무덤 위에
홀로 서서,
이제까지의
당신의 일생과 경험들을
되돌아보십시오....
그 모든 것이 가치가 있었습니까?

이제 여기 방안에 있는
당신의 존재를 의식하십시오.
그리고,
당신은 아직도 살아있고
마음대로 쓸 수 있는 시간이
아직 남아 있다는 것을....

아까 그 친구들을
현재의 입장에서 생각해 보십시오.

이 기도의 결과로
이들에 대해서
달리 생각하게 되었습니까?
이제 당신 자신에 대해서
생각 해 보십시오...

이 기도를 한 결과
당신 자신을 다르게 보게 되었습니까?
그리고 자신에 대해서
다르게 느껴집니까?

기도7. 베네딕도식 기도

여기에 이 식으로 기도를 하는 예를 하나 들겠습니다.

먼저 하느님의 현존 앞에서
마음을 가다듬으십시오.
그런 다음 '영적독서'를 할 책을
하나 들고서 읽기 시작하십시오.
한 문장이, 어떤 말이
특별히 마음에 와 닿을 때까지
계속 읽으십시오.
그런 문장을 발견하게 되면
'영적독서'를 멈추십시오.
이 기도의 첫 부분은 이제 끝났습니다.
둘째 부분인 묵상을 시작해야 합니다.

영적독서는 영성생활에 관한 책이면
다 좋습니다.
그러나 성서가 가장
이상적인 책이겠습니다.

이제 당신이 '영적독서'로
신약성서와 시편에서 한 부분을
택했다고 합시다.
사실 이 두 책이 이 기도 방법에
가장 적합하다고 하겠습니다.
나는 예로서 내가 좋아하는 구절의 하나인
요한복음 7장 37절을 택했습니다.
이제 읽으십시오.

    그 명절의
    고비가 되는
    마지막 날에

예수께서는
일어나서
이렇게 외치셨다.
　「목마른 사람은
다
나에게 와서
마셔라.
나를 믿는 사람은
성서의 말씀대로
그 속에서
샘솟는 물이
강물처럼
흘러 나올 것이다.」

이 문장이 마음에 깊이 와 닿았다고 상상합시다.
"목마른 사람은 다 나에게 와서 마셔라."
이제 영적 독서는 끝나고 '묵상'이 시작됩니다.

묵상은 마음으로가 아니라 입으로 합니다.
"의로운 사람의 입은 지혜를 묵상할 것이다"
라고 성서는 말합니다.
시편의 저자는 그가 얼마나 하느님의 말씀을
묵상하기를 좋아 했는지.
그리고 그것이 그에게는 꿀보다도 더 달다고
했을 때, 그리고 밤낮으로 끊임없이
하느님의 법을 묵상 한다고 했을 때,
이것이 꼭 하느님의 법을 마음으로만,
머리로만 묵상 했다는 뜻일까요?
나는 그가 하느님의 법을 끊임없이
입으로 암송하는 것도 말하는 것이라고
생각하고 싶습니다. 따라서
그는 머리로 뿐만 아니라
입으로도 묵상하는 것입니다.

이 문장을 거듭거듭 반복해서 읽으십시오.
될 수 있으면 담백한 마음으로 읽으십시오.
사실 뜻을 생각하지 않고 읽으면 더 좋습니다.
무슨 말인지 아시겠죠.
이제 이문장을 계속하면서
이 말들이 마음 깊이 가라앉게,
그래서 당신의 일부가 되게 읽으십시오.

「목마른 사람은 다 나에게 와서 마셔라......
　목마른 사람은 다 나에게 와서 마셔라......
　목마른 사람은 다 나에게 와서 마셔라......」

이렇게 반복하면서 당신은 이말을
즐겨하게 됩니다.
그리고 자연히 문장 전체 보다는
한마디 한마디를 음미하게 됩니다.
「목마른 사람은....
　목마른 사람은....
　목마른 사람은....」

이렇게 반복하면서 당신은 이 말을 충분히
맛보게 됩니다. 이 말들이 마음속 깊이
베어들게 됩니다.
이제 묵상을 끝내고 '기도'로 들어가십시오.
어떻게 기도를 하느냐구요?
당신 앞에 계시는 주님께 자진해서 말씀 드리십시오.
또는 그분의 현존 안에서 사랑을 느끼며
잔잔히 머물면서 이 말씀을 통해 받은
은혜 속에 잠기십시오.
그리고 나서 다음과 같은 식으로 기도할
수도 있겠습니다.

목마른 사람은.... 목마른....
목마른 사람은.... 나에게 와서....
주님, 저는 목이 마릅니다....
하지만 이렇게 망설이면서 왔습니다....
전에도 여러번 목마를때 마다
주님게 왔습니다만 제 갈증을
풀어 주시지 않았습니다....
주님이 말씀하시는 이 신비스런 물이란
무엇을 말씀하시는 것입니까?
제안의 그 무엇이 저로 하여금
이 물을 맛 보게 하는 것일까요?.또.
이 물을 맛보지 못하게 하는 것 일까요?

또는 이렇게 기도할 수 도 있겠습니다.

목마른 사람은 다..... 다..... 다.....
주님 정말 입니까? 주님은 목마른 사람이면 누구든지 다 물을 주시겠습니까?
아무 자격도 필요 없이 그저 사람이면 다 주시겠다는 말씀인가요?
제가 죄인이든 성인이든, 제가 주님께 충실했든 안했든
그저 목이 마르면 주님께 갈 수 있단 말입니까?

이런 식으로 자진해서 기도를 하든가
또는 아까 말 한대로 그냥
하느님의 현존 안에 그분의 사랑 안에
잠잠히 머물든가 하십시오.
그러나 잡념이 들기 시작하면
다시 책을 들고 '영적독서'를
계속하십시오....
그리고 또 다른 문장이 마음에 와
닿을 때 까지 계속 읽으십시오.

기도8. 당신을 바라보시는 그분을 보십시오.

당신 앞에 서서
당신을 바라보고 계신
예수님을 보고 있다고
상상하십시오....
그분께서
당신을
바라보고 계시다는 것을
아십시오....

이제
당신을
바라보시는
그분을 보십시오.
그리고
그분의
시선에서
사랑을 보십시오.
겸손함을 보십시오.

기도9. 예수님의 이름을

마음을 조용히 가라앉히고
천천히 예수님의 이름을
부르십시오…
예수님이
점점
당신 안에
현존하시게 되는 것을
느끼십시오….

당신은
어떤 식으로
그분의 현존을
체험 합니까?
빛처럼….?
봉헌과 열정으로….?
어두움과 갈증으로….?
그분의
현존이 생생하게 느껴지게 되면
그 안에서 쉬십시오…
그분의 현존하심이.
흐릿해 지거든
다시 예수님의 이름을
반복해서 천천히 부르십시오….

기도10. 타인을 위한 기도

잠시 동안 예수님의 현존을 의식하고
그분과 함께 머무십시오....

예수님이 그분의 빛과 생명과 힘으로
당신을 가득 채워주시는 것을 상상하십시오...

상상속에서 당신의 온몸이 예수님에게서
오는 빛으로 환해지는 것을 보십시오....

이제 당신이 기도하고 싶은 사람들을
한명 한명씩 생각하십시오.
각 사람위에 두 손을 얹고
방금 그리스도에게서 받은 모든 생명과
힘을 그에게 전해 주십시오....
각 사람을 위해 충분한 시간을 가지십시오....
그리스도의 사랑을 그 사람위에
내려 주시 길 묵묵히 기도하십시오....
내가 그리스도의 생명과 사랑으로
환해지는 것을 보십시오....
그리고 다음 사람을 위해 기도하십시오...
또 다른 사람을 위해서

다른 사람을 위해서 기도를 시작하기 전에
예수님의 현존을 느끼고
그분의 은총을 느끼는 것이
가장 중요합니다.
그렇지 않으면 당신의 기도는 기도가 아니라
그저 사람들을 기억하는 연습에
그치게 되고 맙니다.

잘 못하면 하느님께 마음을 향하는 것이
아니라 당신이 기도하고 있는 사람만을
생각하기가 쉽습니다.

위의 방법으로 사람들을 위해서 기도한 다음,
다시 잠시 그리스도의 현존 앞에서
그분의 힘과 성심을 깊이 들이키고 나서
다시 다른 사람들에게 손을 얹고
기도를 계속하는 것이 도움이 됩니다.

당신이 사랑하는 사람들을 위해서 기도한
다음에 그 사람들의 가족, 친지, 사업을
위해서도 기도하십시오....
그리고 당신이 미워하고
또 당신을 미워하는 사람들을 위해서도
같은 방법으로 기도하십시오....
또 교회와 나라와 세계를 위해서도....

그런 다음 잠시 마음을 비우고
성신께서 기도해야 할 사람들을
마음속에 떠올려 주시도록 기다리십시오....
어떤 사람이 마음에 떠오르면
그 사람에게 손을 얹고
기도를 해 주십시오.

기도11. 청원기도

- 루카 11,5–13 18,1–6
- 에페소 21,18–22
- 마르코 11,20–25

성서 구절을 읽은 다음
예수님께 생각한 바를 말씀드리고 나서
마음을 고요히 가다듬고
청원기도를 할 준비를 하십시오....

당신이 불만을 품고 있는 사람들
하나하나를 용서하십시오....
각 사람에게 상상 속에서 말하십시오.

「나는 주님께서 나를 용서하신 것 같이
예수 그리스도의 이름으로
마음으로부터 당신을 용서합니다....」

이제 주님께 무슨 기도든지
다 이루어질 수 있게하는
그 믿음으로
당신을 가득 채워 주십사고
부탁하십시오.

「주님 저는 믿습니다.
제 믿음이 부족하오니
도와주십시오......」

이제 주님께 부탁하고 싶었던 것들을
말씀 드리십시오!
건강, 성취해야 할 일....

주님께서 그 선물을
당신에게 주신다고 상상하십시오....
그리고 그 선물을 받고서
기쁘게 주님을 찬미하는
당신 모습을
상상 하십시오....

주님께서
그 선물을 보류하고 계시는 것을,
그러나 동시에
당신 마음에 평화를
가득 채워 주시는 것을
상상하십시오.
그리고 그렇게 해 주심을
주님께 찬미 드리는
당신모습을 상상하십시오....

기도12. 마음 아픈 추억의 치유

최근에 불쾌했던 사건을,
아무리 사소한 일이라도
돌이켜 보십시오.
그리고 그 경험을
다시 체험 하십시오.

이제 십자가에 못 박히신
예수님 앞에 있으십시오.
말을 하지 마십시오.....
다만 바라보고
그리고 묵상하십시오....
이야기를 해야만 하겠으면
말없이 하십시오....

몇 분 동안, 불쾌했던 일과
십자가상의 예수님의 모습을
번갈아 보십시오....
그리고 이 기도를
마치십시오.

기도13. 빈의자

예수님께서 당신 가까이
앉아 계신다고 상상하십시오.
이때 상상력이
당신 믿음을 북돋아 줄 것입니다.
예수님은,
당신이 그분을
상상하는 방법으로
여기에 계시지는 않습니다.
그러나 그분은
분명히 여기 계십니다.
그리고 당신의 상상력은
이 사실을 의식하게 도와줍니다.

이제 예수님께
이야기 하십시오.
만일 주위에 아무도 없으면
조용한 목소리로 말씀드리십시오.
그리고 예수님께서
뭐라고 대답해 주시는지….
또는 그분께서
대답하실 거라고
상상하는 말을 들어보십시오.

어제 세상을 떠나간 이들이 그토록 바라던 오늘 '하루'

하루愛

갑곶영성센터 하루피정 프로그램

쉬어라
휴(休) – 나무 그늘 아래 기대어 서 있으라!
잘 쉬어야 삶이 쉬워진다.
몸이 따뜻해지고, 편안해지고 단순해진다.
홀로 있는 것을 즐길 수 있다는 것은
사람이 참 가득하다는 것이다.

쉰다는 것은 버린다는 것!
쉬어야 다시 차 오르고,
쉬어야 깊어지고,
쉬어야 멀리 내다보고
근본의 자리로 돌아갈 수 있다.

일정 (매주 월/금)

10:00 체크 인, 오리엔테이션, 입실, 말씀 받기

11:00 **영혼 – 휴(休)1** : 미사 – 하느님 안에서

12:00 **몸 – 휴(休)2** : 갑곶참살이 식사(토속된장과 두부, 제철 야채)

13:00 **마음 – 휴(休)3** : 걸음 명상(Walking Meditation)

15:00 **테라피 하나** : Mentoring (영성생활지도사 도움)

16:00 **테라피 둘** : TEN MINUTE! 면담 고해성사(Spiritual Counselling)

17:30 **테라피 셋** : 안수기도

갑곶 스테이 1

갑곶 스테이 1

1박2일
매주 금~토

첫째 날

하루 愛 갑곶영성센터 하루피정 프로그램(선택사항)

18:00	저녁식사
19:00	걸음기도(Walking Meditation) *함께
20:00	특강1 : 영성생활의 기초와 원리(참영성의 시작)
21:00	걸음기도(Walking Meditation) *혼자
21:00	들숨날숨 / 주제 : 기도의 자세와 호흡
	면담 고해성사(~23:00)

둘째 날

06:00	기상
06:30	걸음기도(Walking Meditaion) *혼자
07:30	들숨날숨 / 주제2 : 침묵과 소음(감지와 인식)
08:00	아침식사
09:00	특강2 : 마음의 구조와 기능
10:00	들숨날숨 / 주제3 : 말씀을 외우는 묵상
11:00	음악치유미사(성시간, 성체현시, 성체강복)
12:00	안수 파견

갑곶 스테이 2

갑곶 스테이 2

2박3일
매주 금~일

첫째 날

하루愛 갑곶영성센터 하루피정 프로그램(선택사항)

18:00	저녁식사
19:00	걸음기도(Walking Meditation) *함께
20:00	특강1 : 영성생활의 기초와 원리(참영성의 시작)
21:00	걸음기도(Walking Meditation) *혼자
21:00	들숨날숨 / 주제 : 기도의 자세와 호흡
	면담 고해성사(~23:00)

둘째 날

06:00	기상
06:30	걸음기도(Walking Meditaion) *혼자
07:30	들숨날숨 / 주제2 : 침묵과 소음(감지와 인식)
08:00	아침식사
09:00	특강2 : 마음의 구조와 기능
10:00	들숨날숨 / 주제3 : 말씀을 외우는 묵상
11:00	음악치유미사(성시간, 성체현시, 성체강복)
12:00	몸 살리는 점심
13:00	시에스타 낮잠
14:00	걸음기도(Walking Meditation) *혼자
15:00	특강3 : 깨달음과 발견(에니어그램 유형테스트와 세가지 힘의 중심)
16:00	특강4 : 자신의 발견(유형의 특성)
17:00	들숨날숨 / 주제4 : 삶의 가치
18:00	저녁만찬
19:00	특강5 : 나만의 기도방법 만들기(유형별 기도)
20:00	걸음기도(Walking Meditation) *함께 마무리
21:00	아가페(최후의 만찬), 십자가의 길–죽음
22:00	취침

셋째 날

06:00	기상
06:30	걸음기도(Walking Meditaion) *혼자
07:30	들숨날숨 / 주제5 : 거룩한 독서(예수의 이름)
08:00	아침식사
09:00	특강6 : 그림자와 방어기제 / 영적위로와 고독
10:00	들숨날숨 / 주제6 : 빈의자, 대화
11:00	주일미사
12:00	안수 파견

갑곶영성센터
피정, 교육 프로그램

갑곶성지 영성센터에서는 가톨릭 신자들의 영적성장과 성화를 위하여
여러가지 다양한 피정, 교육 프로그램을 진행하고 있습니다.

피정프로그램

몸살림

사상의학과 생활	태양, 태음, 소양, 소음인 구별 / 건강한 생활한의학 스케마
단식과 침묵	지친 몸과 마음을 위해 감각을 멈춤, 욕구를 멈추고 자신을 바라보는 수행기도

마음살림

애니어그램	9가지 인간유형 / 장, 심장, 머리 중심 에너지 / 각 유형의 축복과 왜곡
MBTI	MBTI
음악치유피정(Music Therapy)	GIM / 음악치료
예술치료피정(Art Therapy)	미술 치료

영성살림

테라페이아	조명의 말씀 / 정화의 말씀 / 일치의 말씀
신, 구약 성서통독(Bible Therapy)	성서를 통한 치유—구약 창세기부터 신약의 묵시록까지
기도학교	Lectio Divina 거룩한 독서 / 영의 식별 / 예수마음기도
하루피정	직장인이나 상공업자를 위해 하루 휴식과 기도 / 면담과 성사

교회살림

사무장 영성교육	각 본당 사무장—사무원들의 연피정
구반장 쇄신피정	신앙과 영성쇄신을 위한 교육피정
단체장 쇄신 피정	소공동체 활성화를 위한 리더쉽 교육
	사목회 임원 워크샵
	본당 단체 리더들의 영성피정
고해성사 피정	고해성사를 어려워하는 신자들
	참회예식과 영의 식별 / 화해의 예식과 고해성사
가톨릭 CEO 영성아카데미	가톨릭신자 중 기업체, 고위공직자, 정치인, 경제인들의 영성교육아카데미

교회봉사자 양성교육

연도교육	연도교육
상장례 지도사	장례지도사 자격을 위한 50시간 교육 – 국가자격증 수여(준비중)
선교사 양성 피정	선교사 학교에 참여한 예비선교사들을 위한 피정
교리교사 영성피정	교리교사들의 신앙의 성숙과 심화를 위한 쇄신 피정
호스피스 봉사자 양성 교육	삶의 마무리에 있는 사람들에게 신앙의 의미와 가치를 주는 봉사자 양성 피정
노인대학 봉사자 영성 피정	노인대학에서 봉사는 모든 분들을 위한 쇄신과 영적 성숙을 위한 피정

신앙살림

신학피정	신학에 입문하려는 평신도들을 위한 피정
교리쇄신 피정	세례는 받았으나 교회교리를 한 번 더 공부해 보고자 하는 평신도를 위한 교육피정
문헌피정	제2차 바티칸 공의회 문헌 교육
사회교리학교 피정	사회 교리학교 교육생들의 피정

성사살림

첫영성체 피정	첫영성체를 앞두고 있는 초 3년 이상
세례 피정	세례를 앞두고 있는 예비자들의 신앙 영성의 심화를 위한 프로그램
견진 피정	견진을 앞둔 세례자들의 신앙 영성의 심화를 위한 프로그램
혼인 피정	혼인을 앞두고 있는 젊은 연인이나 결혼 3년 이내의 부부들을 위한 피정
서품 피정	사제서품을 앞두고 있는 신학생들